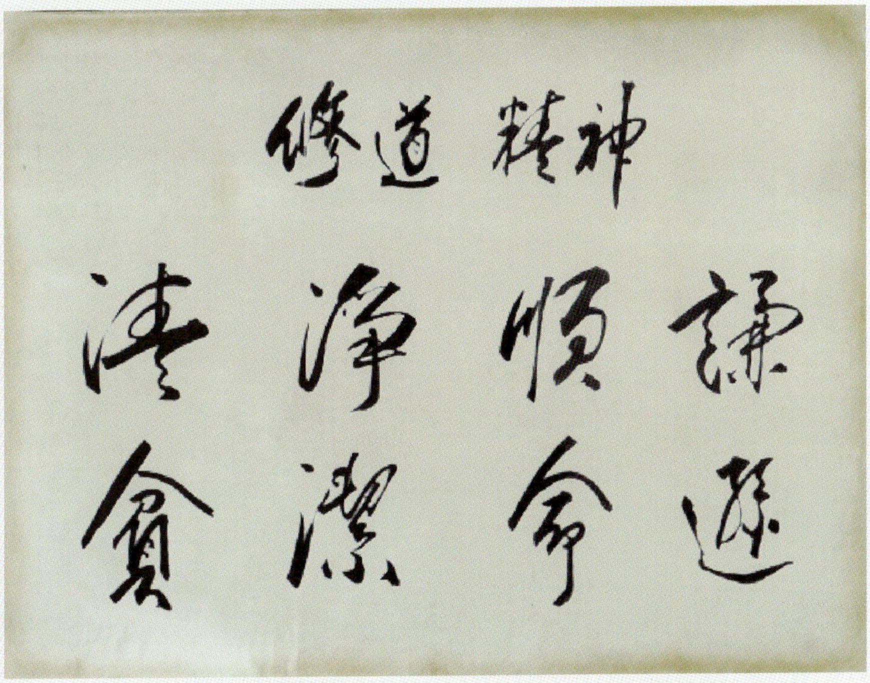
修道精神
謙遜 順命 淨潔 清貧

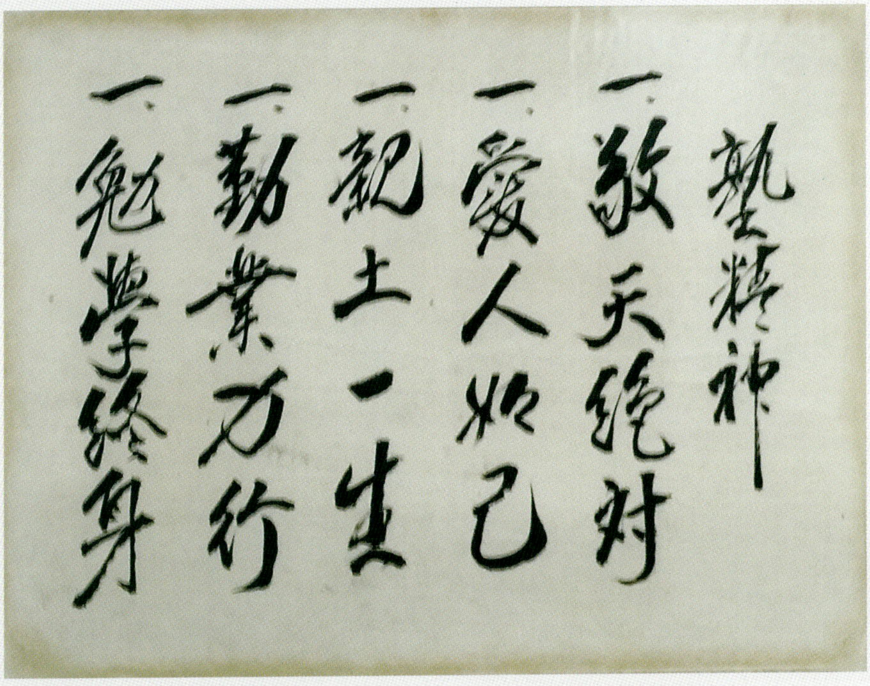
塾精神
一. 敬天絶対
一. 愛人如己
一. 親土一生
一. 勤業力行
一. 勉學終身

용문산수도원

60년 (1960 ~ 2019)

財團法人 愛鄕塾 용문산修道院

재단법인 기독교대한감리회 **애향숙**

발 간 사

용문산 수도원 원장
이 병 만 수도사

수도사들의 삶 60년을 회고하며……

2019년 5월 10일, 용문산 수도원이 설립된 지 60주년을 맞이하였다.

지난 60년간 걸어온 길을 돌이켜보니 하나님이 "하라"하는 대로 순종했을 뿐인데 하나님께서는 실로 "엄청난 역사를 이루셨구나."라고 회고 할 수 있게 되었다.

엄격한 수도수련 과정을 마치고 나면 오라는 곳도 없고 머물라 하는 곳도 없지만 우리가 받은 사명대로 두려움 없이 의심 없이 무작정 떠날 수 있었다. 수도원을 떠나 하나님께서 지시하신 곳에 머물고 그곳에 엎드려 기도할 수밖에 없었다. 스승님은 늘 그렇게 가르치셨다. "돈으로 시작하면 돈 원이요, 기도로 시작하면 기도원이다." 우리 수도사들은 수도원을 나설 때 빈손 들고 울면서 무작정 떠났다. 그러나 하나님은 역사하셨다.

한반도 지역지역 어느 한 곳 빠뜨리지 않고 울릉도, 제주까지 수도사들의 발걸음을 멈추게 하셨고, 그곳에 구국제단을 쌓게 하고, 부르짖게 하고, 복음을 전파하게 하셨다. 하나하나 세어보니 예순 아홉 곳에 기도원을 세웠고, 열 두 곳에 복지원을 세웠다. "어떻게 해냈을까?" 우리는 기도하고 순종한 것뿐이었다. 기도원마다 복지원마다 수도사들의 피와 땀과 눈물의 기도가 서려있고 한 곳 한 곳 희노애락(喜怒哀樂)이 녹아든 갖가지 간증의 사연들을 품고 있다. 이렇게 우리 수도사들을 들어 하나님은 하나님의 일을 하셨다.

그럼에도 불구하고 지난 60년 동안 하나님께서 행하신 수많은 기적들을 기록으로 남겨놓은 자료가 거의 없다. 하나하나 섬세하게 기록으로 남기지 못하였음을 참으로 아쉽게 생각한다.

그러나 우리 수도사들이 지난 60년 동안 한국개신교회 기도원 운동사에 남긴 족적은 빼놓을 수 없는 역사적 사실이다. 비록 기록으로 남겨놓지 못했지만 수많은 사연의 간증을 품고 있는 기도원과 복지원의 면면을 사진으로 엮어 용문산 수도원 60년사를 발간하게 되어 매우 기쁘다. 훗날 이 사진 자료를 통해서 한국기독교 개신교에도 수도원이 존재하였고, 우리 수도사들이 한국교회 기도원 운동사에 어떤 족적을 남겼는지 평가해 주기를 바라는 마음 숨기지 않으며 이 사진 자료집을 남기고자 한다.

끝으로 이 사진첩을 만드는데 수고하신 모든 분들께 감사드린다. 출판을 기획하고 자료수집에 조력해준 복음신문사, 자료 정리와 편집, 출판을 담당하신 도서출판 조은의 김화인 대표님과 김진순 편집장님께 진심으로 감사드리며 모든 영광을 우리 하나님과 수도사님들께 돌립니다.

2019. 5. 10

기독교대한감리회 감독회장
전 명 구 목사

격 려 사

청빈의 삶으로 그리스도의 사랑을 실천하는 수도원

할렐루야!

재단법인 기독교대한감리회 애향숙 용문산 수도원이 60년의 역사를 향하고 있는 이 때에 귀한 역사의 발자취를 정리하며 사진첩을 내게 되어 이사장으로서 기쁘게 생각하며 감사와 축하의 말씀을 드립니다. 그동안 그리스도의 사랑을 실천하고자 자기의 모든 소유를 팔아 가난한 자들에게 나누어 주고, 수도원에 들어와 말씀과 기도로 평생을 지내신 분들이 이미 100여 분이 계십니다. 더러는 이미 하늘나라 백성이 되어 우리의 기억 속에 남으신 분들과 현재도 생존해 계셔서 영성을 유지하며 수도사로 살아가시는 분을 위해서 사진을 모으고, 기억을 더듬어 수도원의 역사를 기록하게 되었습니다. 이 일을 위해 헌신하신 모든 분과 특히 이병만 수도원장님의 수고에 박수를 드립니다.

저도 신학생 시절 용문산 기도원에 올라와 나운용 목사님의 영성 집회의 현장에서 큰 은혜를 받았고, 목사가 되어 부흥회를 인도한 지 40년 가까운 시절을 지내오면서도 그때 받은 은혜에 감사하여 용문산 기도원에 올라와 그것을 조금씩 갚으며 살고 있습니다. 기독교대한감리회의 제28대 감독회장이 되어 "신뢰 속에 부흥하는 감리교회"라는 슬로건을 부르짖게 된 것도 수도원의 모습 속에서 착안하여 하나님과의 신뢰, 교회의 신뢰, 사람들 간의 온전한 신뢰를 이루어서 하나님께서 기뻐하시는 부흥하는 감리회를 만들자고 함께 외치는 부르짖음이었습니다.

사랑하는 여러분, 지금은 우리 기독교가 영성회복운동을 통해 다시 깨어나야 할 때입니다. 이를 위해 기도로 무장하고 다시 하나님 앞에 무릎을 꿇으며, 수도원의 청빈과 그리스도를 위한 고난을 삶으로 살아가기를 축복합니다. 감사합니다.

2019. 5. 10

용문산기도원장
나 서 영 목사

축　　사

용문산수도원 60년사 발간을 축하하며……

콘스탄틴 황제의 기독교 공인으로 지금까지 핍박받고 순교하던 기독교인들이 신앙의 자유를 얻게 되었다. 이제 교회는 핍박받는 자들의 교회가 아니라 권력자들의 교회가 되었다. 자연히 교회가 출세하려는 사람들로 북적이게 되었다. 교회당이 화려하게 장식되고 예배가 의식 중심이 되어 교인들이 예배에서 수동적이 되었다. 가난과 고난이 교인의 덕목이 되지 못하였고 부와 사치가 하나님의 은혜 받은 증거로 또 축복으로 받아들여 졌다. 주님의 재림을 기다리던 교회는 현세의 축복을 선포하게 되었다. 경건한 교인들은 교회를 떠나 사막으로 나갔고 이들이 모여 수도원 공동체를 이루었다. 이것이 수도원의 시작이었다.

교회가 속화되었을 때 청빈 수도사들의 공동체가 생겨나 온통 흙탕물로 덮여 있는 곳으로 깊은 산속 맑은 샘물이 흘러들어 갔던 것이다. 우리 수도사님들의 삶과 활동이 그들에 비견될 수 있다.

“수도사”를 모르는 사람이 많다. 까만 수도사 복장을 하고 나가면 흔히 “수녀님”이라 부른다. 캐돌릭 교회는 수도하는 분들이 있는 줄 알지만 우리 한국 개신 교회에 결혼하지 않고 수도하는 분들이 있는 줄은 잘 모르기 때문이다.

우리 수도사들은 용문산기도원 원장이셨던 나운몽 목사님의 제자들로서 주 예수님의 은혜에 감격, 감사하여 평생을 결혼하지 않고 주님을 위해 살겠다고 서원한 분들이다. 바울 사도의 “결혼하지 않은 여자는 주의 일에 마음을 써서 몸과 영을 다 거룩하게 하지만 결혼한 여자는 세상 일에 마음을 써서 어떻게 하면 남편을 기쁘게 할까 한다”는 말씀대로 이들은 주만을 기쁘시게 하는 삶을 살아 왔다.

이들의 삶의 흔적들인 사진들이 여기저기 흩어져 있었고 이 사진들이 멸실되어 가고 있었다. 이것들을 이병만 수도사님이 모아 책으로 만들었으니 참으로 고맙고 귀한 일을 우리 수도사님이 하셨다. 귀한 수도사님들의 삶의 생생한 역사가 후대에 잊혀질 뻔하였다.

수도사님들과 동시대의 우리가 다 하늘나라로 돌아간 후에도 이 책은 남아 후세에 용문산 수도사님들의 고귀한 정신과 주를 위해 흘린 땀과 고생, 그들의 기도와 전도, 성경 그대로 전하는 말씀 등을 증언할 것이다. 이 증언을 따라 “전에 있던 것이 다시 있으리라”는 전도서 말씀대로 이들과 같은 수도사 공동체가 언젠가 이 땅에 또 땅끝에 생기게 될 것이다.

2019. 5. 10

차 례

차 례

5부 복음사역

6부 수도원 약사

1부

수도원 설립

- 수도원 설립 배경 및 목적
- 수도원 조직
- 수도원 운영·건축

수도원 설립 배경 및 목적

1950년 6.25동란 이후 용문산 기도원에서 발원한 성령운동이 전국적으로 확산되어 용문산 기드온신학교에 입학하는 젊은이들이 많았다. 이들 중에서 성령 충만한 학생들이 일생을 주님을 위해 살겠다고 나운몽 교장님께 개신교 수도원 설립을 간청하여 수도원이 설립되었고, 오로지 복음통일과 민족복음화를 위한 구국운동과 구령운동을 목적으로 세워졌다.

수도원의 사명

수도원 표어

엎드려 기도하고 일어나 전도하자

수도원 사명

① 傳道(전도) ② 教育(교육) ③ 奉仕(봉사)

수 도 정 신

① 清貧(청빈) ② 淨潔(정결) ③ 順命(순명) ④ 謙遜(겸손)

수 도 생 활

① 祈禱(기도) ② 讀經(독경) ③ 黙想(묵상) ④ 勤勞(근로)

수도수련

1) 수도입도 자격

수도입도는 일정의 자격요건을 갖춘 자가 지원할 수 있다.

① 정신과 신앙사상이 건전한 자
② 구령과 구국에 대한 사명감이 있는 자
③ 기드온 신학교 본과 졸업 자
④ 신체적 결격사유가 없는 자
⑤ 미혼자로서 정절이 있는 자
⑥ 미혼자로서 40세 미만
⑦ 입도 후 은닉 사실이 발각될 때 즉시 자퇴할 자

2) 수령과 수행

수령과 수행은 1개월씩 교대한다.

① 수령기간 일과표

- 03시 20분 : 기상(일과준비 10분)
- 03시 30분 : 구국기도(구국제단)
- 04시 30분 : 새벽 공중예배
- 06시 ~ 08시 : 조침
- 08시 ~ 09시 : 조식
- 09시 ~ 12시 : 독경
- 12시 ~ 12시 30분 : 중식 or 오수
- 12시 30분 ~ 14시 : 개인 산상기도
- 14시 30분 ~ 16시 30분 : 독경
- 16시 30분 ~ 17시 30분 : 실내기도(중보기도)
- 17시 30분 ~ 18시 30분 : 석식
- 18시 30분 ~ 19시 00분 : 저녁 공중예배
- 19시 00분 ~ 20시 00분 : 개인기도 및 일기작성
- 20시 00분 ~ 03시 20분 : 취침

② 수행

1기 수도생은 두 팀으로 나뉘어 수령과 수행을 하였으나 2기 수도생이 입도한 이후부터 기수별로 1개월씩 교대로 수령과 수행을 5년 간 마치고 각자 임지로 떠나 기도원을 개척하였다.

3) 수도사 자격 기준

초기 수도사 안수를 1965년 10월 1일 1명이 받았는데 자격기준에 의해서다. 원장님께서 제시한 자격기준은 생활, 지혜, 설교 면에서 충족한 자로 한 명이 통과 되었다. 이후로는 기수별로 안수를 받는데 1967년 8월 19일 1기 수도사가 배출되었다.

수도원 조직

수도원 원장

수도원 창설 및 초대원장
나 운 몽
(1960. 05. 10~2009. 11. 26)

2대 원장
김 외 탁 수도사 (3기)
(2016. 10. 12~2017. 04. 25)

3대 원장
이 병 만 수도사 (2기)
(2017. 04. 26~현재)

수도원 조직

수도원 원감

1대 원감
유 영 숙 수도사(1기)
(1971. 01. 01~2006. 09. 23)

2대 원감
김 일 순 수도사(4기)
(2017. 04. 26~2019. 04. 24)

총 무

총 무
김 명 숙 수도사(8기)
(2019. 04. 24~현재)

수도원 사감

1대 사감
유 영 숙 수도생(1기)
(1964. 03~1965. 10. 01)
3대 사감
(1967. 08. 21~1970. 12. 30)

2대 사감
박 연 임 수도사(1기)
(1965. 10. 02~1967. 8. 20까지)

부 사 감

부 사 감
현 순 이 수도사(8기)
(1994. 03. 03.~현재)

수도원 조직

수도사 연회

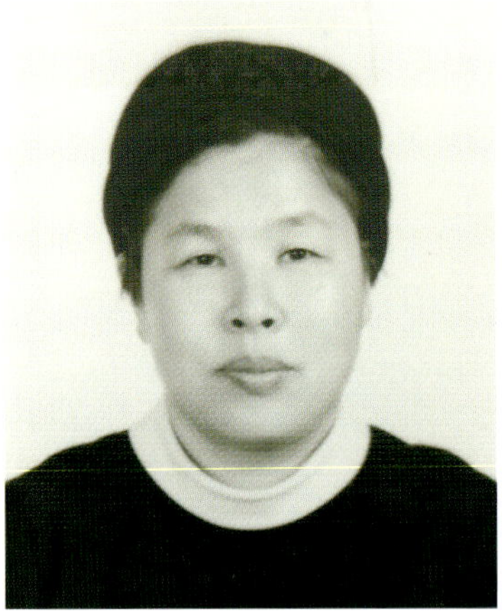

1대~4대 연회장
이 정 자 수도사 (1기)
(1994. 05. 19 ~ 2009. 04. 14)

5대 연회장
박 분 태 수도사 (3기)
(2009. 04. 15 ~ 2013. 04. 10)

6대 연회장
박 승 자 수도사 (4기)
(2013. 04. 12 ~ 2016. 03. 30)

7대 연회장
김 외 탁 수도사 (3기)
(2016. 04. 01 ~ 2019. 04. 23)

8대 연회장
오 용 자 수도사 (5기)
(2019. 04. 24 ~현재)

수도원 원장	1960. 05. 10	1대 수도원 원장 **나운몽** 목사(창설자)
	2016. 10. 12	2대 수도원 원장 부임(제3기 **김외탁** 수도사) 연회장 겸직
	2017. 04. 26	3대 수도원 원장 부임(제2기 **이병만** 수도사)
수도원 원감	1971. 01. 01	1대 수도원 원감 발령 (제1기 **유영숙** 수도사)
	2017. 04. 26	2대 수도원 원감 부임 (제4기 **김일순** 수도사)
총무	2019. 04. 24	1대 수도원 총무 발령 (제8기 **김명숙** 수도사)
수도원 사감	1964. 03	1대 수도원 사감 발령 (제1기 **유영숙** 수도생)
	1965.10. 02	2대 수도원 사감 발령 (제1기 **박연임** 수도사)
	1967. 08. 21	3대 수도원 사감 발령 (제1기 **유영숙** 수도사)
부사감	1994. 03. 03	1대 부사감 발령 (제8기 **현순이** 수도사)

수도원 운영 및 건축사

수도원 운영

1) 제도화 이전 초기운영

제도적으로 운영기준이 마련되지 못한 상황에서 수행 중인 수도생이 운영하였는데 경제적으로 상당히 빈곤하였다.

2) 제도화 이후 제도적 운영

1962년부터 회비제로 운영하면서 후원회가 조직되어 수도생 각자의 개인 회비와 후원회비로 충당하였다.

회 비 기 준

1962년 최초 회비는 매월 천원으로 시작하여 1992년대까지 30년 동안 사만원까지 인상되었다. (증액과정 : 초기 1,000원 ▶ 1,500원 ▶ 40,000원)

수도원 후원회 조직

제 11기 수도생 입도식에서 조직되었다.(1991년 3월 4일)
일반회비 : 매월 일만원(10,000원) 특별회비 : 이만원(20,000원)
평생회비 : 일백만원(1,000,000원) 과수농장기증 수입(○ ○ ○목사님께서 기증)

수도원 건축 연혁

1956년	제1수도실 방 10칸은 흙벽돌로 건축 8㎥ 간격에 방 2칸 건축
1968년	제3기 수도생과 함께 기도실 건축(수도생들이 산상기도 가는 길목)
1972년 10월 1일	5기 수도생 입도식을 한 달 미루고 제2 수도실 건축(개인 수도실 부족)
1973년 7월 16일	거실 겸 식당 건축
1974년 경	제1수도관사 건축 후원 : 정삼례 권사 헌금
1979년	제1수도관사 개축(이전 흙벽돌 해체하고 재건축(부로크 벽돌))
1993년 2월	제2수도관사 건축(안용님, 방옥석 수도사 삼천만원 기증)
2015년 11월	수도원 전체 리모델링
2017년 8월	리모델링 완공

수도원 풍경(1990. 06)

수도원 전경

수도원 정문(2015. 11. 19)

리모델링 후 수도원 입구(2017. 9)

리모델링 전 수도원 전경(2015)

리모델링 후 수도원 전경(2017. 9)

제1 수도관사 전경(1972)

제1 · 2 수도관사 건축

제2 수도관사 전경(1993. 3)

제1수도실 리모델링 전

제1수도실 건축

1956년 제1 수도실 건축(흙벽돌집)

흙벽돌 건물 해체 후 브로크 벽돌 재건축(1979년)

제1수도실 리모델링 완성(2015. 11. 19)

제2수도실 리모델링 전

제2수도실 건축

제2수도실 리모델링 전 앞면(1972. 10. 1)

제2수도실 리모델링 전 뒷면(1972. 10. 1)

제2수도실 리모델링 후 앞면(2016)

제2수도실 리모델링 후 뒷면(2016)

수도원 기념관 내부

수도원 역사 기념관

수도원 첫 식당(1960년 건축)

수도원 기념관 건립(2016)

좌측의 60년대 식당 소멸 후 수도원 기념관 건립

수도원 역사기념관 도로정비(2017. 8)

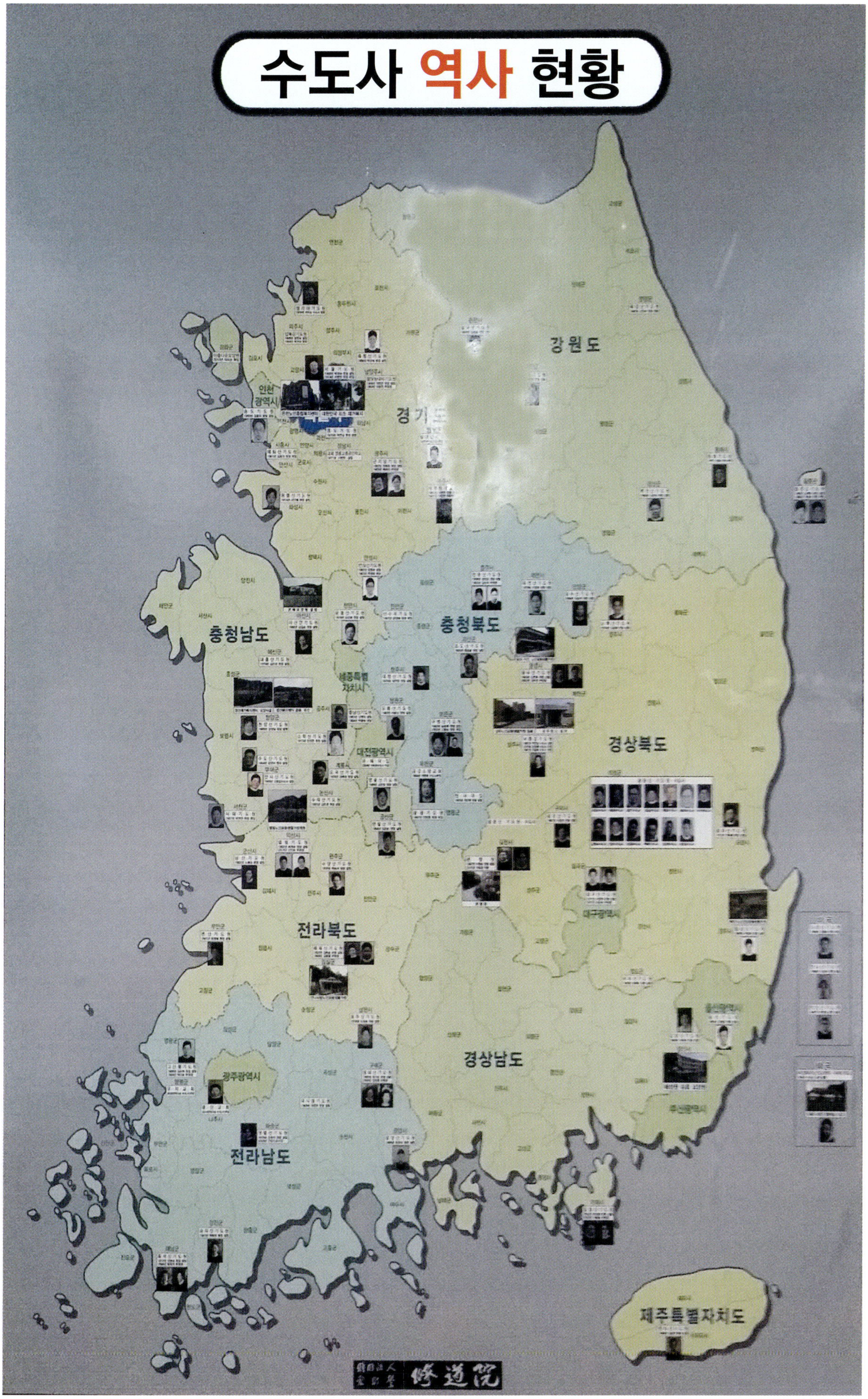

전국 수도사 설립 기도원 및 사회복지기관 분포도(2018)

수도실 식당(1960) · 좌측(사감실) · 중간측(식당) · 우측 : 식당(당번실)

방10칸에서 8m사이에 방2개를 양쪽 25척 간격을 두고 지은 건물에 앞면은 돌과 흙으로 쌓았고 뒷면은 흙벽돌로 1기 수도생들이 토요일 근로시간에 건축함(1956)

수도원 식당 변천사

제1 수도관사(정삼례 권사 후원 건축(1972 전))
(1973년 7월 식당 건축 전까지 식당 겸용)

수도원감실 및 식당 건축(1973. 07)

리모델링 후 식당 건물(2016)

리모델링 후 주방 및 식당(2016)

리모델링 전 창고 외관(2015)

창고 · 목욕실 건물

리모델링 전 창고(2015)

리모델링 후 창고(2016)

리모델링 전 목욕실(2015)

리모델링 후 목욕실 내부(2016)

소멸 전 공동우물 (2015)

우물 · 창고 · 화장실 소멸

공동우물 소멸(2015 이전)

연못 개조(2017. 08)

연료창고 소멸(2015. 11)

외부 화장실 소멸(2015. 11)

화장실 실내 설치(2016)

2부

수 도 사

- 수도사 기수
- 수도 입도식
- 수도사 안수식
- 수도사 연회 활동

수도사 기수

제1기

김상화

유영숙

최태희

정혜주

박연임

이경숙

임명숙

이정자

이옥란

제2기

강애자

임금찬

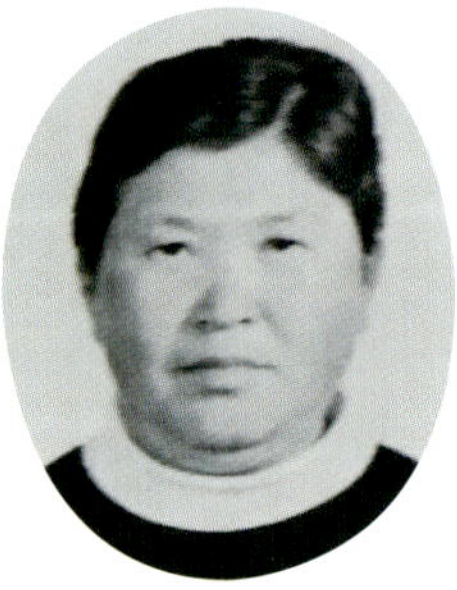
박연창

민명은

김필교

문정애

이병만

수도사 기수

제3기

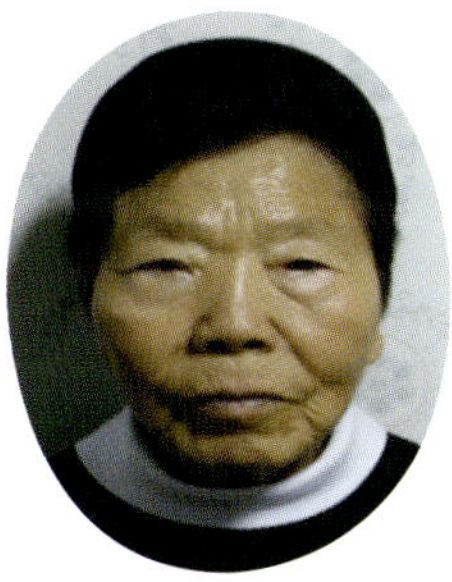
안용임

박분태

김문기

서인애

김외탁

제4기

임영이

박승자

김용자

김일순

제5기

이연우

한동호

이금자

박수련

양예자

정화자

오용자

김은경

최귀자

장은실

수도사 기수

임연임

한정희

이경자

노애숙

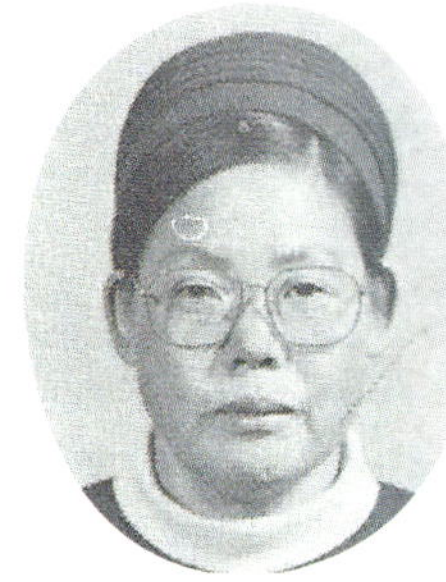
유정숙

제6기

양성은

유은숙

김순이

최계순

김분출

박화자

목화자

박점이

제7기

이창연

방옥석

김관순

이정숙

홍금표

수도사 기수

김선이

이경선

박사순

박종숙

박경숙

제8기

조순여

김명숙

현순이

강정남

장은순

이영순

김길순

이용신

제9기

신인숙

송윤희

최기순

김명옥

남경희

김복순

수도사 기수

제10기

이미순

백혜진

정선이

김순자

김미경

여영희

정선화

제11기

김종말

고병갑

육상임

이옥경

한상난

제12기

고봉순

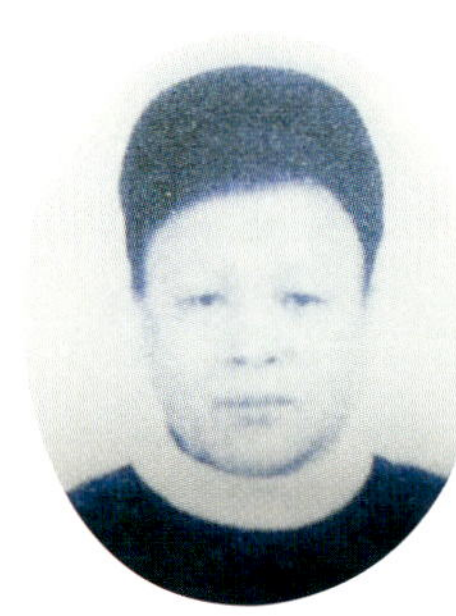
정경자

이해순

수도사 설립 기도원 분포도

경원지방 : 16곳
충청지방 : 21곳
영남지방 : 13곳
전라지방 : 14곳
제 주 도 : 1곳
울 릉 도 : 1곳
기 타 : 미국 3곳(워싱턴, 시애틀, LA)

수도생 입도식

내가 예수그리스도와 그가 십자가에 못 박히신것 외에는 아무것도 알지아니하기로 작정하였음이니라(고린도전서 2:2)

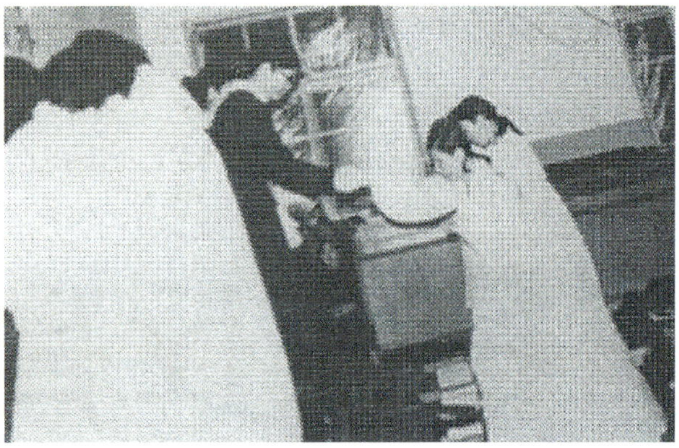

제6기 수도생 입도식(1976. 03. 06)

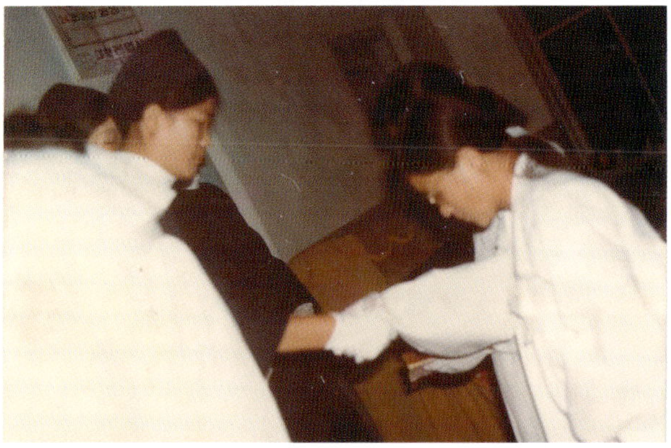

제7기 수도생 입도식(1978. 09. 09)

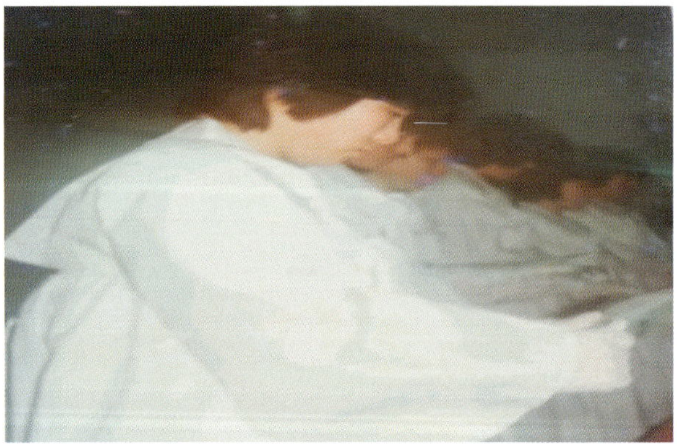

제8기 수도생 입도식(1982. 03. 03)

제9기 수도생 입도식(1985. 03. 04)

수도생 입도식

내가 예수그리스도와 그가 십자가에 못 박히신것 외에는 아무것도 알지아니하기로 작정하였음이니라(고린도전서 2:2)

제10기 수도생 입도식(1988. 03. 07)

오직 너 하나님의 사람아!
믿음의 선한 싸움을 싸우라. 영생을 취하라.
이를 위하여 네가 부르심을 받았고 많은 증인 앞에서 선한 증언을 하였도다.(디모데전서 6:11~12)

제11기 수도생 입도식(1991. 03. 04)

내가 그리스도와 함께 십자가에 못박혔나니 그런즉 이제는 내가 산 것이 아니요 오직 내 안에 그리스도께서 사신것이라 이제 내가 육체 가운데 사는 것은 나를 사랑하사 나를 위하여 자기 몸을 버리신 하나님의 아들을 믿는 믿음 안에서 사는 것이라.(갈라디아서 2:20)

제12기 수도생 입도식(1996. 03. 03)

수도사 안수식

우리를 그리스도의 일꾼이요 하나님의 비밀을 맡은 자로 여길지어다. 그리고 맡은 자들에게 구할 것은 충성이니라 (고린도전서 4:1~2)

수도원에서 안수식장 출발

야외 집회장소 내려오는 계단

안수식장을 향하여…

안수식 후 원장님과 수도원을 향하여…

수도사 안수식

우리를 그리스도의 일꾼이요 하나님의 비밀을 맡은 자로 여길지어다. 그리고 맡은 자들에게 구할 것은 충성이니라 (고린도전서 4:1~2)

박연임 수도사 안수식 기념
(1965. 10. 01)

안수 직전 기도하는 수도생들

수도사 택립 안수식(제1기)

수도사 안수식

우리를 그리스도의 일꾼이요 하나님의 비밀을 맡은 자로 여길지어다. 그리고 맡은 자들에게 구할 것은 충성이니라 (고린도전서 4:1~2)

제5기 수도사 안수식(1984. 03. 27)

제6기 수도사 안수식(1986. 05. 20)

제7기 수도사 안수식(1990. 07. 07)

제8기 수도사 안수식(1994. 03. 22)

수도사 안수식

우리를 그리스도의 일꾼이요 하나님의 비밀을 맡은 자로 여길지어다. 그리고 맡은 자들에게 구할 것은 충성이니라 (고린도전서 4:1~2)

제9기 수도사 안수식(1997. 09. 12)

제10기 수도사 안수식(2000. 09. 19)

제11기 수도사 안수식(2003. 04. 02)

12기 수도사 안수식(2006. 04. 03)

수도사 안수 기념

제1기

제1기 수도사 안수 단체기념(1967. 08. 19)

제2기

제2기 수도사 안수 단체기념(1970. 04. 01)

수도사 안수 기념

제3기

제3기 수도사 안수 단체기념(1975. 08. 21)

제4기

제4기 수도사 안수 단체기념(1981. 04. 27)

수도사 안수 기념

제5기

제5기 수도사 안수 단체기념(1984. 03. 27)

제6기

제6기 수도사 안수 단체기념(1986. 05. 20)

수도사 안수 기념

제7기

제7기 수도사 안수 단체기념(1990. 09. 07)

제8기

제8기 수도사 안수 단체기념(1994. 03. 22)

수도사 안수 기념

제9기

제9기 수도사 안수 단체기념(1997. 09. 12)

제10기

제10기 수도사 안수 단체기념(2000. 09. 19)

수도사 안수 기념

제11기

제11기 수도사안수 단체기념(2003. 04. 02)

제12기

제12기 수도사 안수 단체기념(2006. 04. 03)

수도사 연회 활동

제22차 가을기도회

축복산기도원
(2015. 10. 07~09)

수도사 연회 활동

제23차 가을기도회

동해기도원 50주년 기념예배
(2016. 10. 13~14)

수도사 연회 활동

제24차 수도사 연회

용문산수도원 리모델링 후 첫 수도사 연회
(2017. 04. 26~28)

수도사 연회 활동

제24차 가을기도회

용문산수도원(2017.10.11.–13)

전라지방회

충청지방회

영남지방회

경원지방회

수도사 연회 활동

제25차 가을기도회

용문산수도원
(2018. 10. 17~19)

수도사 연회 활동

제26차 수도사연회

수도사 연회 활동

용 문 산 기 도 원 방 문

수도원장 나운몽 목사 90세 생신 축하연

기념관 앞에서 스승님 내외분 모시고…

수도사 연회 활동

용 문 산 기 도 원   방 문

수도사 연회 활동

시 회 복 지 시 설 방 문 (꽃동네)

수도원감(유영숙 수도사) 모시고 미리내 성지 견학(8기~12기 수도사)

수도사 연회 활동

성 지 순 례 기 행(이스라엘)

① 십자가의 길(예수님이 마리아를 만난 곳)
② 겟세마네동산 기념교회 내 예수님 상
③ 이삭 모리아산 제단
④ 가버나움 입구
⑤ 오병이어교회 주변
⑥ 느보산 모세 기념교회(구리뱀 상)
⑦ 감옥교회(로마)
⑧ 수태교회 내부(나사렛 분지)
⑨ 가이사랴 빌리보 지역
⑩ 가나혼인교회
⑪ 사마리아여인숙 근교(배두인 천막)

①

②

③

④

⑤

수도사 연회 활동

성 지 순 례 기 행(이스라엘, 로마)

⑥

⑦

⑧

⑨

⑩

⑪

⑫

수도사 연회 활동

해 외 견 문 기 행(미국, 유럽)

수도사 연회 활동

해 외 견 문 기 행(일본, 중국, 호주, 뉴질랜드)

수도사 연회 활동

해 외 견 문 기 행(동남아시아, 필리핀, 인도네시아, 이스라엘)

수도사 연회 활동

수 도 공 동 체 이모저모

SEHAN COLOR 83 . 8

제25회 수도사

3부

수도 수련

- 수령·수행
- 수도복

수도수련(수령)

산 상 기 도 (오후 2시간)

산상기도 올라 가는 길

산상기도 중

단체 기도 중

산상기도 후 내려오는 길

수도수련(수령)

개인실內독경 · 중보기도

독 경 시 간(일일 5시간)

용문산 기도원 야외 집회(간증설교)

수도실 내 기도(중보기도)

수도수련(수령)

구 국 기 도(1인 1시간)

구국기도 대기 중

구국제단 內 기도 중

구국제단을 향하여 !!

구국제단 주변 돌단에서 구국기도 중

수도수련(수행)

노 동 수 행

수 도 공 동 체 일 상 생 활

수도공동체 만찬

일상업무

망 중 한!!

수도복 변천사

1960년대 수도 입도 후 첫 수도복(1기 수도생)

수도복 변천 과정

처음 1기 수도생은 좌측과 같은 투피스와 머리두건을 착용하였다. 적절하지 못하여 몇 개월 착용하고 한복으로 교체하여 1기부터 3기까지 한복을 착용하였다.

이후 4기부터 현재 착용하고 있는 디자인을 제복으로 정하여 오늘까지 정착하게 되었다.

1~2기 수도사 안수식 후(한복)

1~3기 수도복(한복)

2기 수도사 안수식 후(한복)

1~3기의 수도복(한복)

수도복 변천사

수도사 제복

수도사 제복

- 동복(검정색)
- 하복(회색)

수도생 제복

- 남색(사계절)

수도생, 수도사 수도복 변천사

수도생 제복 착용

수도사 제복 착용(하복)

수도실 사감님과 함께(6~7기 수도생)

수도공동체 안식관

수도산 기도원 : 충남 부여군 충화면 팔충로 420-71(33212)

용문산 수도공동체 안식관은 수도사들의 노후 안식을 위해 수도산기도원 원장 임영이 수도사께서 수도사 연회에 기증하였다.(2018. 4. 25)

4부

헌 신

- 기도원 설립
- 사회복지기관 설립
- 교육 및 선교사업

기도원 설립

창립 년 월 일	지 역	기도원 명	원 장 · 부원장
		제 1 기	
1987. 06. 14	충남 천안	운봉산기도원	김상화 수도사
1967. 10	경북 상주	낙동강기도원	박연님 수도사
1970. 09	서울 강동구	영 도 기 도 원	박연님 수도사
1987. 06. 30	미국 시애틀	만민산기도원	박연님 수도사
1983. 10	경기도 광주	곤지암기도원	정혜주 수도사
1968. 06.	서울 성동구	서 울 기 도 원	이경숙 수도사
1986. 06. 14	미국 워싱턴	안나산기도원	이경숙 수도사
1968. 05.	경기도 파주	압복강기도원	임명숙 수도사
1984. 07. 04	미국 LA	나성산기도원	임명숙 수도사
1971. 04. 30	경북 대구	대구산기도원	이정자 수도사
1968. 08. 17	경남 양산	감림산기도원	이옥란 수도사
1964.	경북 울릉도	울릉도기도원	강애자 수도사
		제 2 기	
1968. 10. 27	제 주 도	한라산기도원	임금찬 수도사
1967.	충남 서천	서 해 기 도 원	박연창 수도사
1967.	충북 영동	광 평 기 도 원	민명은 수도사
1973. 06. 25	충남 공주	소학산기도원	민명은 수도사
1959. 04. 23	강원도 동해	동 해 기 도 원	김필교 수도사
1967.	충북 괴산	산수리기도원	문정애 수도사
1981. 05. 01	전북 부안	변 산 기 도 원	문정애 수도사
1967. 10. 12	경기도 여주	계명현기도원	이병만 수도사
		제 3 기	
1972. 10.	전남 해남	흑석산기도원	안용님 수도사
1973. 09. 03	경북 포항	봉좌산기도원	박분태 수도사
1974. 03. 25	경기도 수원	흰돌산기도원	서인애 수도사
1974. 05. 11	경북 영주	소백산기도원	김외탁 수도사

제 4 기

1984. 04. 23	충남 부여	수도산기도원	임영이 수도사
1976. 07. 06	전북 전주	수양산기도원	박승자 수도사
	경기도 안양	매화산기도원	김용자 수도사
1990.	인 천	송 도 기 도 원	김용자 수도사
1978.	경북 김천	용문산기도원 구 국 제 단	김일순 수도사

제 5 기

1985. 04. 08	강원도 횡성	응답산기도원	이연우 수도사
1981. 04.30(발령)	경북 상주	낙동강기도원	이금자 수도사
1978. 05. 01	충남 논산	도곡산기도원	양애자 수도사
1978. 05. 10	전남 화순	샛별산기도원	오용자 수도사
1989.	충남 대전	영골산기도원	김은경 수도사
1984.(발령)	경기도 파주	압복강기도원	최귀자 수도사
1979. 08.	경기도 양평	팔당산기도원	장은실 수도사
1978. 08. 21	충북 청주	대청산기도원	임연임 수도사
1983. 05. 04	경기도 안성	안성산기도원	한정희 수도사
1978. 08. 02	충북 제천	옥전산기도원	이경자 수도사
1982. 08. 25	전북 김제	남 산 기 도 원	노애숙 수도사
1979. 03. 05	전북 남원	호두산기도원	유정숙 수도사

제 6 기

1983. 03. 27	경북 울산	울 산 기 도 원	양성은 수도사
1971. 04. 30	경북 대구	대구산기도원	유은숙 수도사(부원장)
1988. 11. 24	전남 함평	고산봉기도원	김순희 수도사
1982. 03. 21	전북 익산	엘 림 기 도 원	최계순 수도사
1983. 04. 12	강원도 춘천	설곡산기도원	김분출 수도사
1981. 05. 08	전남 영암	승리산기도원	박화자 수도사
1983. 10	경기도 광주	곤지암기도원	목화자 수도사(부원장)
1980. 05. 30	경북 경주	월성산기도원	박점이 수도사

제 7 기			
1967. 10. 12	경기도 여주	계명현기도원	이창연 수도사
1972. 10	전남 해남	흑석산기도원	방옥석 수도사(부원장)
1984. 05.	충남 금산	한밭산기도원	김관순 수도사
1964.	경북 울릉도	울릉도기도원	이정숙 수도사(부원장)
1993. 11	충북 괴산	포동산기도원	홍금표 수도사
1986. 04. 26	강원도 정선	백전산기도원	김선이 수도사
1987. 09	경북 구미	금오산기도원	이경선 수도사
1988. 11. 24	전남 함평	고산봉기도원	박사순 수도사
1984. 06.(발령)	충남 공주	충 남 기 도 원	박종숙 수도사
1986. 11. 20	경기도 남양주	축령산기도원	박경숙 수도사
제 8 기			
1994. 08.	충북 단양	금수산기도원	조순여 수도사
1984.(발령)	경북 김천	애 향 원	김명숙 수도사
1990. 04. 02	충남 연기	도봉산기도원	이용신 수도사
1988.	충남 청양	천장산기도원	강정남 수도사
1989. 09. 30	충북 충주	천등산기도원	장은순 수도사
1987. 04. 10	경북 김천	본 향 원	이영순 수도사
1988. 07.	충남 아산	아산만기도원	김길순 수도사
제 9 기			
1995.	경북 영양	목양산기도원	신인숙 수도사
1993. 06.	충북 보은	구병산기도원	송윤희 수도사
1990. 07. 20	전북 구례	평화산기도원	최기순 수도사
1993. 10. 24	경북 문경	종곡산기도원	김명옥 수도사
1992. 04.	전북 임실	축복산기도원	김복순 수도사
제 10 기			
1996. 12. 28	충북 영동	천 사 의 집	정선희 수도사
1989. 09. 30	충북 충주	천등산기도원	김순자 수도사(부원장)
	충북 옥천	금강소망교회	여영희 수도사
1993. 10. 24	경북 문경	종곡산기도원	김미경 수도사(부원장)
1990. 07. 20	전북 구례	평화산기도원	정선화 수도사(부원장)

제 11 기			
1998. 04. 13	충남 부여	만사산기도원	고병갑 수도사
1996. 04. 28 (발령)	경북 김천	용문산기도원 구 국 제 단	육상임 수도사
1987. 04. 10	경북 김천	본 향 원	이옥경 수도사(부원장)
2002. 08. 22	경남 거제	밀알산기도원	한상란 수도사
1992. 04.	전북 임실	축복산기도원	김종말 수도사(부원장)
제 12 기			
2002. 05. 09	충북 보은	구병산기도원	고봉순 수도사
1987.	전남 광양	광 양 기 도 원	정경자 수도사
2002. 08. 22	경남 거제	밀알산기도원	이해순 수도사(부원장)

운봉산기도원 김상화 수도사 (1기)

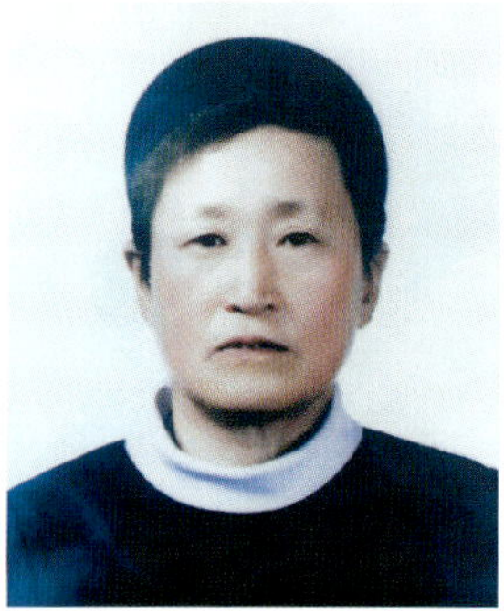

원장 김상화 수도사

- 용문산고등성경학교(1957. 04)
- 기드온신학교 졸업(4회) (1960. 04. 14)
- 수도입도(1960. 05. 10)
- 수도사 안수(1967. 08. 19)

- 원　장 : 김상화 수도사
- 주　소 : 충남 천안시 동남구 목천읍 서흥리길 132(31236)
- 전　화 : 041-557-2537
- 설립자 : 김상화 수도사
- 설립일 : 1974년 6월 14일
- 부　지 : 2만평
- 사　역 : 용문산여자고등성경학교 교장(1972. 04~1974. 05)
  재단법인 애항숙 이사장(1984. 12~1988. 05)

1987년 당시 성전

1987년 당시 숙소

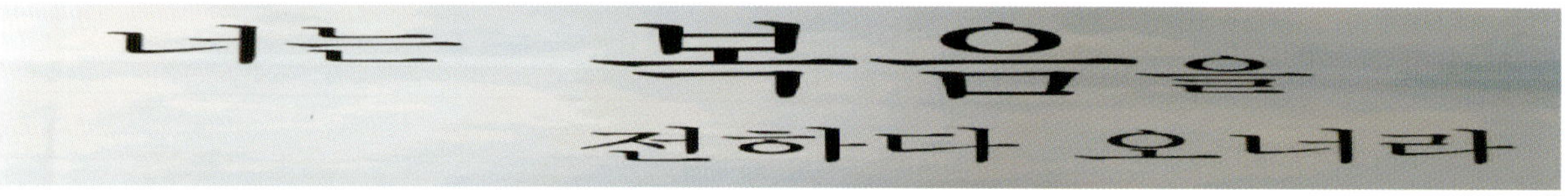

신축 성전

1987년 당시 건물

용문산수도원 유영숙 수도사 (1기)

수도원감 **유영숙** 수도사

- 기드온신학교 졸업(3회) (1959. 04. 06)
- 수도입도(1960. 05. 10)
- 수도사 안수(1967. 08. 19)
- 소천(2006. 09. 23)

- 수도원감 : 유영숙 수도사
- 주 소 : 경북 김천시 어모면 능치1리 용문산길 588-20
- 전 화 : 054) 435-5810
- 사 역 : 1대 수도원 사감 발령(1964. 03.~1965. 10. 01까지)
  3대 수도원 사감 발령(1970. 12. 30 ~)
  기드온신학교 여학생 설교학 단상수련(1968. 03. 01)
  용문산수도원 원감 발령(1971. 01. 01)
  기드온신학교 교수 겸 교무과장(1989. 06)

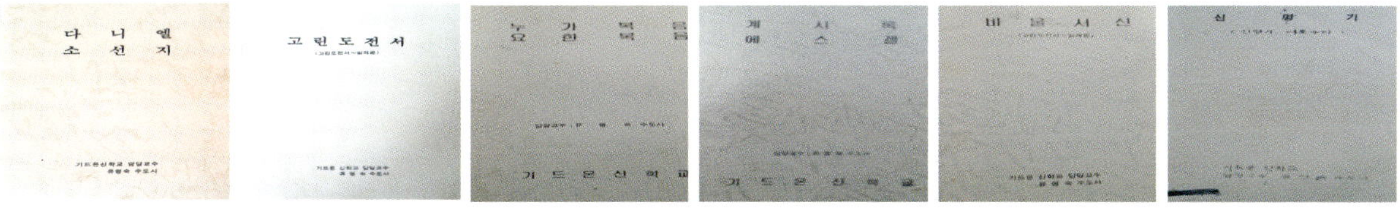

용문산기도원 內 최태희 수도사 (1기)

최태희 수도사

- 기드온신학교 졸업(4회) (1960. 04. 06)
- 수도입도(1960. 05. 10)
- 수도사 안수(1967. 08. 19)
- 소천(2010. 11. 11)

- 교　수 : 최태희 수도사
- 주　소 : 경북 김천시 어모면 능치1리 용문산길 588-20
- 사　역 : 용문산여자고등성경학교 사감 겸 교수(1961. 01)
  기드온신학교 성경강의(1971. 10)
  기드온신학교 1.2.3학년 성경 강의(1975)

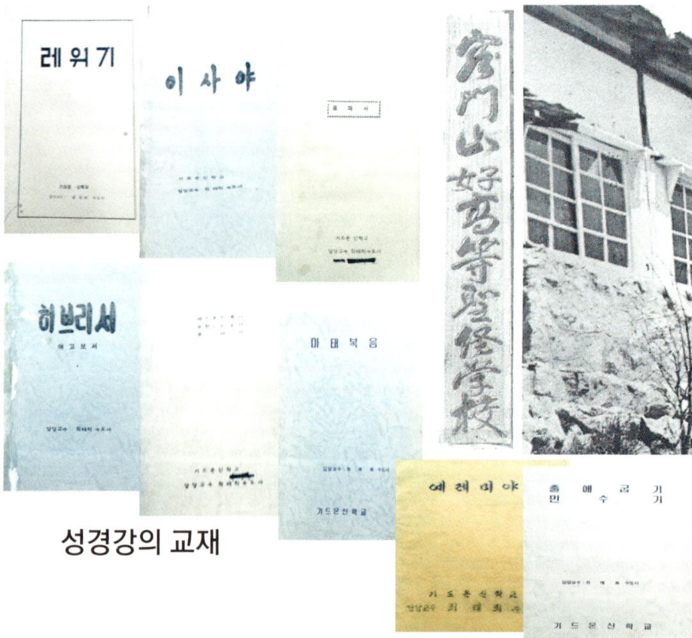

성경강의 교재

곤지암기도원 정혜주 수도사 (1기)

원장 **정혜주** 수도사

- 대전고등성경학교 졸업 (1954. 03)
- 기드온신학교 졸업(2회) (1958. 04. 23)
- 수도입도(1960. 05. 10)
- 수도사 안수(1967. 08. 19)

곤지암기도원

- 원　장 : 정혜주 수도사
- 부원장 : 목화자 수도사(6기)
- 주　소 : 경기도 광주군 실촌면 열미리 산79번지
- 설립자 : 정혜주 수도사, 목화자 수도사
- 설립일 : 설래원 기도원 인수(1983. 09. 23)
- 부　지 : 4,000평
- 입당예배(1995. 10. 19)
- 주소 변경 : 2010년 6월 이사
- 경기도 광주시 곤지암읍 열미길565(12717)

1987년 당시 건물

성전과 기도원 전경

만민산기도원 박연님 수도사 (1기)

원장 박연님 수도사

- 기드온신학교 졸업(4회) (1960. 04. 14)
- 수도입도(1960. 05. 10)
- 수도사 안수(1965. 10. 01)
- 소천(2011. 02. 23)

- 원　장 : 박연님 수도사
- 주　소 : 28814 Mountain Hwy Graham.WA 98338
- 전　화 : 253-847-2581
- 설립자 : 박연님 수도사
- 설립일 : 1987년 6월 30일
- 부　지 : 10에이커(12,000평)
- 사　역 : 수도원 2대 사감(1965. 10. 02~1967. 08)
  낙동강기도원 설립(경북 상주, 1967. 10)
  영도기도원 설립(서울 천마산, 1970. 09)
  만민산기도원 설립(미국 시애틀, 1987. 11. 19)

낙동강기도원 사택과 성전(1968)

영도기도원 헌당예배(1973. 10. 03)

만민산기도원(미국 시애틀, 1987. 06. 30 이후)

안나산기도원 이경숙 수도사 (1기)

원장 이경숙 수도사

- 기드온신학교 졸업(2회) (1958. 04. 23)
- 수도입도(1960. 05. 10)
- 수도사 안수(1967. 08. 19)

- 원　장 : 이경숙 수도사
- 주　소 : 7910 Peters Rd. P.O Box 3555
Frederick MD 21701 U.S.A
- 설립자 : 이경숙 수도사
- 설립일 : 1986년 6월 14일
- 부　지 : 1,600에이커(192,000평)
- 출　국 : 1974년(미국)
- 사　역 : 서울기도원 설립(서울 성동구, 1968. 06)
안나산기도원 설립(미국 워싱턴, 1974)

서울기도원

안나산 기도원 (미국 워싱턴)

나성산기도원 임명숙 수도사 (1기)

원장 **임명숙** 수도사

- 기드온신학교 졸업(3회)(1959. 04. 06)
- 수도입도(1960. 05. 10)
- 수도사 안수(1967. 08. 19)

- 원　장 : 임명숙 수도사
- 주　소 : 19350 Pine Canyon Rd. Lake Hughes CA 93532 U.S.A
- 설립자 : 임명숙 수도사
- 설립일 : 1984년 7월 4일
- 부　지 : 30에이커(36,000평)

- 기도원 이전
- 주　소 : Los Angeles Prayer Mountail 14735 Lockwood Valley Road Frazier Park. CA 93225
- 이전일 : 2002년 3월
- 전　화 : 0011-661-245-3906
- 사　역 : 압복강기도원 설립(경기도 파주, 1968. 05.)
  안성산기도원 설립(경기도 안성, 1983. 08. 01)
  안나산 기도원 설립(미국 LA, 1984)

본관(2002. 03)

2차 나성산 기도원 전경(2002. 03)

1차 나성산기도원(1984)

숙소(2002. 03)

성전(2002. 03)

대구산기도원 이정자 수도사 (1기)

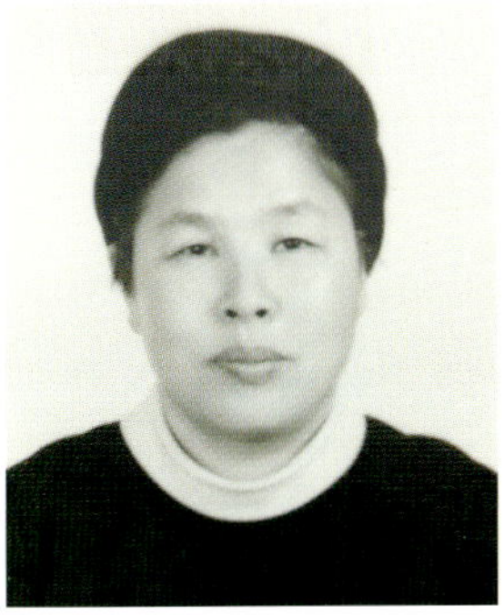

원장 이정자 수도사

- 애향숙 성경학교 졸업(1958)
- 기드온신학교 졸업(3회) (1960. 04. 04)
- 하나님의교회신학대학원 M.D.V 졸업(1995. 05. 22)
- 수도입도(1960. 05. 10)
- 수도사 안수(1967. 08. 19)

◆ 원　장 : 이정자 수도사
◆ 부원장 : 유은숙 수도사(1977년 부임 6기)
◆ 주　소 : 경북 대구시 동구 파계로 473-16(41000)
◆ 전　화 : 053)982-0575
◆ 설립자 : 이정자 수도사
◆ 설립일 : 1971년 4월 30일
◆ 부　지 : 1만 8백평
◆ 대구산기도원 성전 입당 예배(1995. 06. 06)
◆ 사　역 : 신앙세계사에서 성경 인물로 동화 엮음(1960)
용문산여자고등성경학교 교사, 여학생 기숙사 사감(1960)
기드온신학교 이사(1984. 01)
대구산기도원 새 성전 기공(1994. 09. 08)
수도사기도원연회장(1994. 05. 19~2009)
사회복지법인 은천복지재단 이사(2004)

대성전 건축 전 성전

목양관

신축 새성전(1995. 06. 06 입당)

감림산기도원 이옥란 수도사 (1기)

원장 이옥란 수도사

- 기드온신학교 졸업(4회)
  (1960. 04. 14)
- 수도입도(1960. 05. 10)
- 수도사 안수(1967. 08. 19)
- 동경신학대학원, 명치대학원
  사회복지 연구(일본)
- 미국 베다니신학대학원
  (선교학석사 M.M)
- 베다니신학대학원(신학박사 Th.D)

- 원　장 : 이옥란 수도사
- 주　소 : 경남 양산시 하북면 감림산길 55(50506)
- 전　화 : 055) 375-0831-2
- 설립자 : 이옥란 수도사
- 설립일 : 1968년 8월 17일
- 부　지 : 4,700평
- 사　역 : 기도원 창립 예배(1968. 9. 10)
  기도원 본관 건물 준공(1968. 12)
  소 성전 준공(1969. 12)
  혜성원(유료요양원) 준공(1987. 07)
  사회복지법인 혜성복지원 설립
  교육관 준공 혜선수련원 준공(1990. 04)
  사회복지법인 혜성원 대표이사(현)
  감림산기도원 원장(현)

대성전 준공(1985. 12)

혜성원 준공(유료요양원, 1987. 07)

감림산기도원 전경

울릉도기도원 강애자 수도사 (2기)

원장 **강애자** 수도사

- 기드온신학교 졸업(3회) (1959. 04. 06)
- 수도입도(1962. 08. 04)
- 수도사 안수(1967. 08. 19)
- 소천(2017. 09. 04)

- 원　장 : 강애자 수도사
- 주　소 : 경북 울릉군 남면 사동
- 전　화 : 054)791-3236
- 설립자 : 강애자 수도사
- 설립일 : 1960년
- 부　지 : 1,072평
- 후임원장 : 이정숙 수도사(7기, 1990)
- 사　역 : 용문산여자성경고등학교 교장
  울릉도기도원 설립(1960)
  충남산기도원 설립(1963. 04. 13)

1987년 당시 건물

한라산기도원 임금찬 수도사 (2기)

원장 임금찬 수도사

- 기드온신학교 졸업(6회) (1962. 03. 31)
- 수도입도(1962. 08. 19)
- 수도사 안수(1970. 04. 01)
- 소천(2015. 01. 28)

- 원　장 : 임금찬 수도사
- 주　소 : 제주도 서귀포시 상효3리 법호촌
- 설립자 : 임금찬 수도사
- 설립일 : 1968년 10월 27일
- 부　지 : 1만 4천평

1987년 당시 건물

제주도 집회 가서 기도원 사명 받음(1967)

서해기도원 박연창 수도사 (2기)

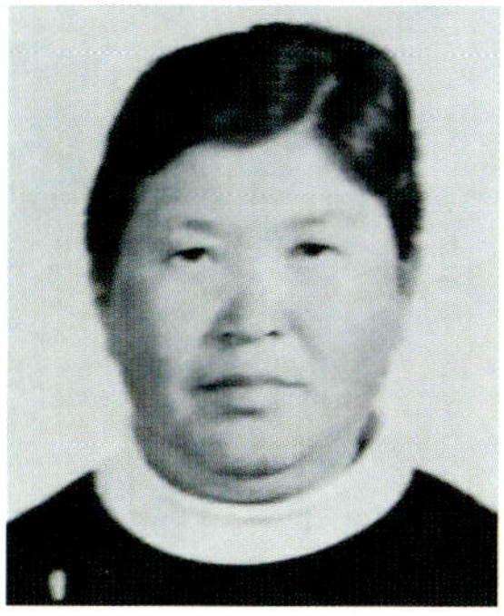

원장 **박연창** 수도사

- 기드온신학교 졸업(5회) (1964. 03. 30)
- 수도입도(1962. 08. 19)
- 수도사 안수(1970. 04. 01)

- 원　장 : 박연창 수도사
- 주　소 : 충남 서천군 서면 마량리
- 설립자 : 박연창 수도사
- 설립일 : 1967년~1997년 7월 사임
- 부　지 : 297평
- 이　전 : 인천시 연수구 새말로154 연수주공3차 305-408호

헌당예배기념(1973. 08. 31)

1987년 이후 건물

1987년 이전 건물

소학산기도원 민명은 수도사 (2기)

원장 민명은 수도사

- 기드온신학교 졸업(6회) (1962. 03. 31)
- 수도입도(1962. 08. 19)
- 수도사안수(1970. 04. 01)

◆ 원　장 : 민명은 수도사
◆ 주　소 : 충남 공주군 이인면 주봉리 쐐기골 75-32
◆ 전　화 : 041)857-4192
◆ 설립자 : 민명은 수도사
◆ 설립일 : 1973년 6월 25일
◆ 부　지 : 3,600평

◆ 사　역 : 광평기도원(교회) 시무(1967~1973. 06. 14, 충북 영동)
→ 일동일교회 편입(1970 이후)

1987년 당시 건물

동해기도원 김필교 수도사 (2기)

원장 김필교 수도사

- 기드온신학교 졸업(6회)
(1962. 03. 31)
- 수도입도(1962. 08. 19)
- 수도사 안수(1970. 04. 01)

- 원　장 : 김필교 수도사
- 주　소 : 강원도 동해시 천곡동 한 섬 해안 길 104번(25753)
- 전　화 : 033)532-2412
- 설립자 : 나운몽 목사
- 설립일 : 1959년 4월 23일
- 부　지 : 1.7정보
- 김필교 수도사 동해기도원 취임(1967)

1987년 당시 기도원

동해기도원 전경(2017년)

기도원 방에서 보이는 동해바다

변산기도원 문정애 수도사 (2기)

원장 문정애 수도사

- 기드온신학교 졸업(6회) (1962. 03. 31)
- 수도입도(1962. 08. 19)
- 수도사 안수(1970. 04. 01)
- 소천(2012. 01. 28)

- 원　장 : 문정애 수도사
- 주　소 : 전북 부안군 삼성리 청림리
- 전　화 : 063)82-4739
- 설립자 : 문정애 수도사
- 설립일 : 1981년 5월 1일
- 부　지 : 2,000평
- 사　역 : 산수리기도원 발령(일동일교회로, 1967)
  낙동강기도원 원장 취임(1970)
  변산기도원 설립(1981)

1987년 당시 전경

사회복지법인 은천노인복지회 이병만 수도사 (2기)

원장 **이병만** 수도사

- 기드온신학교 졸업(6회) (1962. 03. 31)
- 수도입도(1962. 08. 19)
- 수도사 안수(1970. 04. 01)
- 일본 상지전문대 졸업(1986. 03)
- 중부노인종합복지관 관장 (1989. 05. 01)
- 한영신학대학원 MA 졸업 (1998. 06. 19)

- 대표이사 : 이병만 수도사
- 주　소 : 서울시 동대문구 장한로 27가길 53(02527)
- 전　화 : 02)2249-0580, 7253
- 설립자 : 이병만 수도사
- 설립일 : 1986년 10월 15일 설립
- 사　역 : 계명현기도원 원장(1967. 10. 12)
  광주단지 개척(탄리)교회설립시무(1971. 04. 12, 현 성남시)
  영도고등공민학교 설립 교장(중학교과정 야간, 주간 현 성남시, 1972. 03)
  서울기도원 원장 취임(1974. 06. 22)
  팔당 능내리 기도원 설립(1980. 09)
  일본유학(1983~1986)

계명현기도원 발령(1967. 10. 12)

서울기도원 발령(1974. 06. 22)

성남 탄리교회 개척 (1971. 04. 12) ←

탄리교회 전교인 나들이(1972. 03)

팔당 능내리 기도원 개척(1980. 09)

사회복지법인 은천노인복지회 연혁 (대표이사 이 병 만)

법 인 연 혁

- 은천노인상담소 설립(1986. 10. 15) ➝
  은천노인상담소 인가(1987. 02. 02 허가, 사회복지법인 화봉복지재단 소속)
- 사회복지법인 자선단(1989. 09. 27, 은천노인상담소 법인 변경)
- 사회복지법인 은천복지재단 인가(1993. 04. 02, 서울시허가 제 가정5호)
- 사회복지법인 은천복지재단 명칭변경 ➝ 사회복지법인 은천노인복지회(2010. 03. 10)

사 업 연 혁

재가노인복지사업

- 은천주간보호센터 설립(1986. 10. 15) / 은천주간보호센터 허가(1992. 10. 05)
  ➝ 은천주 · 야간보호센터 변경(2008. 06. 13)
- 은천가정봉사원파견센터 설립(1986. 10. 15) / 가정봉사원파견센터 허가(1992. 01. 01)
  ➝ 방문요양사업, 방문목욕사업 변경(2008. 06. 27)
- 은천고령자취업알선센터 설립(1992. 07. 01) / 소일거리, 공동작업장 전환(1987. 05. 11)
  서울시청에 반납(2003. 03. 30) ➝ 동대문노인복지관으로 이관
- 은천단기보호센터(1996. 01. 03) ➝ 은천실비요양센터 변경(2003. 03. 24)
- 은천재가노인지원센터(2013. 03. 21) 보건복지부 신설

노인의료복지사업

- 은천실비노인요양센터(2003. 03. 24) ➝ 은천노인요양센터 개편(2008. 06. 30)
- 은천노인공동생활가정(2008. 05. 27~2014. 05 폐원)
- 은진노인공동생활가정(2008. 05. 27~2014. 05 폐원)
- 은천소규모노인요양센터(2008. 06. 05~2013. 09. 01) 증축
- 은천노인요양원(2014. 06. 26~현재)

교육사업

- 제1기 자원봉사자 교육(1987. 03. 27)
- 제1기 어린이봉사자 교육(1988. 01. 14)
- 제1기 요양보호사 교육(2008. 02. 25)

기타사업

- 급식사업 실시(1986. 11. 22) ➝ 진단무료급식소 설치(1990. 05. 01 정부지원)
- 노인직업소개소 설치(1998. 06. 29)
- 독거노인 도시락 배달 실시(1992. 01) ➝ 정부 보조(1996. 01. 01) 도시락 밑반찬 수정(1997)
- 노인의 집 6개소(무의탁 노인, 1996. 10. 15)

사회복지법인 은천노인복지회

- 첫째 건물(왼쪽) → 은천노인복지회관(1997. 12. 30)
  (한국 최초로 세워진 재가노인복지건물)
- 둘째 건물(왼쪽) → 은천 · 은진노인요양공동생활가정
  은천노인요양보호사 교육원
- 셋째 건물(왼쪽) → 은천노인복지센터(2008. 05)
- 넷째 건물(왼쪽) → 은천노인종합복지센터(2014. 06)

- 첫째 사진(오른쪽) → 은천노인복지회관 준공 컷팅식
- 둘째 사진(오른쪽) → 은천 · 은진노인요양공동생활가정
  · 은천노인복지센터 준공 컷팅식
- 셋째 사진(오른쪽) → 은천노인종합복지센터 준공 컷팅식

지역사회 생활지원

경로식당 현판식(한경직 목사 방문, 사랑의 쌀 지원, 1991)

지역사회 무의탁노인 도시락, 밑반찬 지원(적십자 봉사단)

조규남 권사 기증 (밭 1,200평. 1995)

무의탁노인 주말농장 운영(삼성물산 개발팀 지원, 1998)

지역사회 저소득, 무의탁노인, 실직가정 김장지원(1998)

지역사회 저소득, 무의탁노인, 실직가정 김장지원 5,000포기 600 가정 (1998)

현재는 KT&G에서 매년 후원

은천에서 돌본 황봉심 어르신 장례식(장안3동장)

은천에서 돌봐 준 황봉심 어르신(호적도 없음)이 사망직전 통장을 건네며 장례식 부탁하여 통장의 5천만원 중 장안3동에 3천만원 동대문구청에 2천만원 장학금으로 기증

기증효 어르신 장례식(은천노인복지회장)

무의탁노인으로 은천에서 20년 모시다 사망하여 은천장으로 장례 집행

노인건강 지원

동대문 구민회관에서 구청과 함께

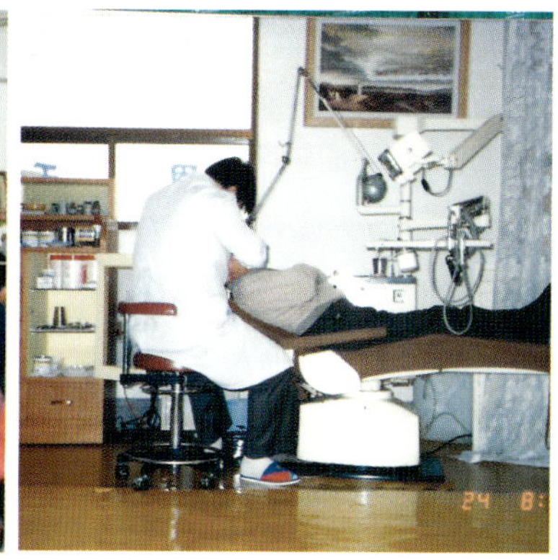

경동교회 의료선교봉사부(1988년 이래-현재(보건소)), 치과기계 기증

지역사회 건강강좌(중풍예방, 수지침)

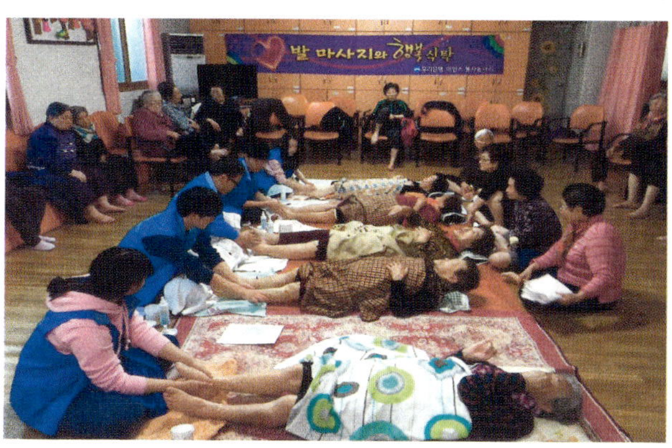

지역사회 노인 발마사지(우리은행 장안지점 봉사)

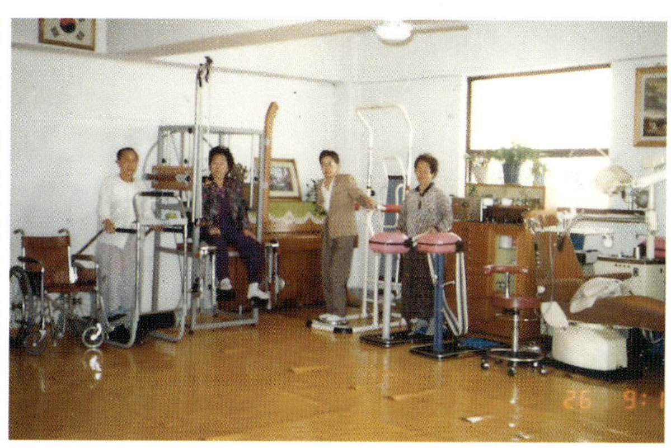

건강교실 무료 개방(지역사회)

자원봉사자 교육

가정봉사원 소모임(2006)

자원봉사 활동가 교육(제2~3기, 김영호, 오금자 교수, 1987)

지역사회 교회 교역자 및 자원봉사자 관리자 교육(2005)

제7기 봉사자학교 지도자 교육(2002)

제1기 요양보호사 교육(2008~2018) 64회 배출

요양보호사 야간교육 반

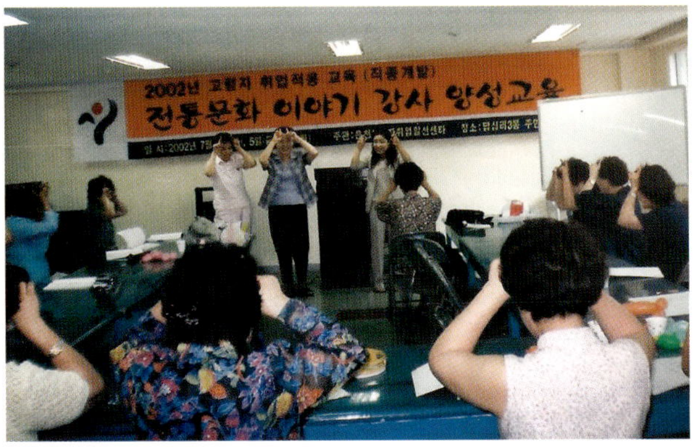

고령자 강사 양성 교육(1988)

1997년 IMF로 인해 취업이 어렵던 시기에 "이야기 할머니, 할아버지" 프로그램을 개설하여 교육시킨 후 어린이집, 유치원 강사로 연결하여 노인일자리 창출, 전국으로 확대되는 프로그램으로 발전함.

자원봉사자 활동

노인정 노인 봉사활동(내집 앞 내가 쓸기, 1988)

동대문구 전지역 치매, 중풍 나들이 행사(1999)

자원봉사 지도자 모임(목사, 전도사, 목사 사모, 중 · 고등부 부장)

무의탁 노인 지원 바자회 봉사활동(1989)

자원봉사자 시설 견학(영락경로원)

자원봉사자 일본 시설 견학(고사이게아센터, 1988)

자원봉사자 야외나들이(1992)

자원봉사자 연말 송년 파티(매년 실시)

어린이 봉사대 교육

어린이 자원봉사 복지교육(제1-2기, 은천노인상담소, 1988)

어린이 자원 복지교육(제3-4기, 동대문 구민회관, 1989)

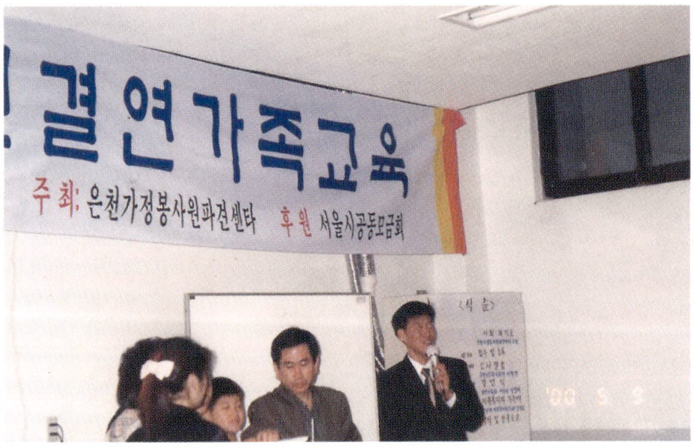

조 · 손세대 결연가족 교육

어린이 자원봉사자 장애 체험 실무 교육

어린이 봉사대 소모임

어린이 봉사대 활동

독거어르신 돕기 저금통 모음

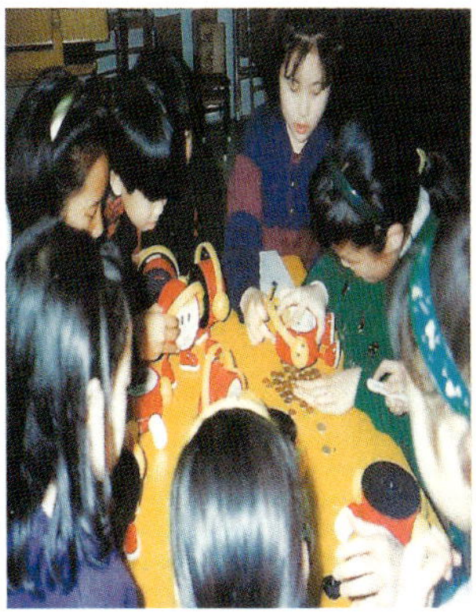
저금통 개봉

저금통 개봉하여 이불 구입

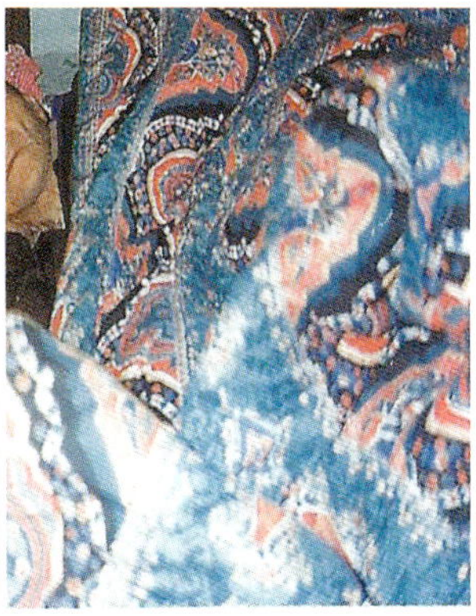
와상 어르신께 이불 전달

무의탁 어르신 돕기 자선 바자회

수거된 불법광고물 동대문구청 회수

더불어 사는 동네 만들기 활동(거리 청소하기, 불법 광고물 수거)

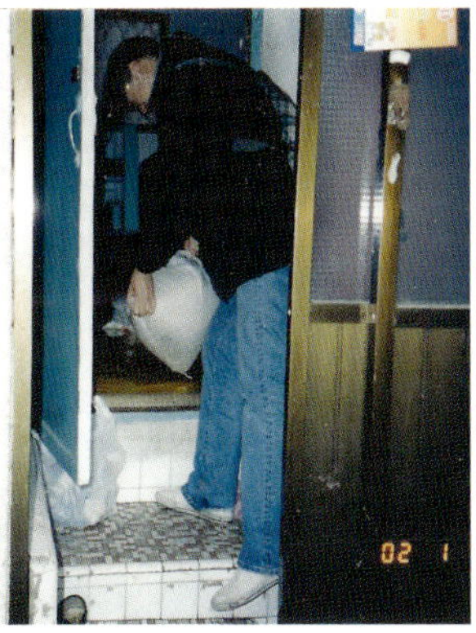
무의탁어르신 쌀 전달(바자회 수익금)

어르신 위로 방문(말벗)

어린이 경로효친 사례 발표(동대문 구민회관)
(1989. 5. 5~1998. 5. 9)

독거어르신 결연가족 나들이

데이케어 프로그램 연구 출판기념 세미나

"데이케어 이론과 실무 연구" 출판 기념 세미나(정동제일감리교회, 1997. 03)

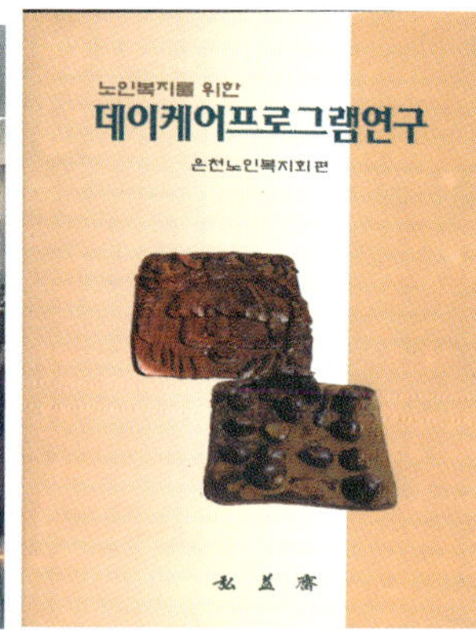

"데이케어 프로그램 연구" 출판 기념 세미나(정동제일감리교회, 2000)

봉사활동과 중, 고생 전도전략 출판세미나(영락교회, 2003)

은천노인복지회에서 저술하여 발간한 책 모음

흑석산기도원 안용님 수도사 (3기)

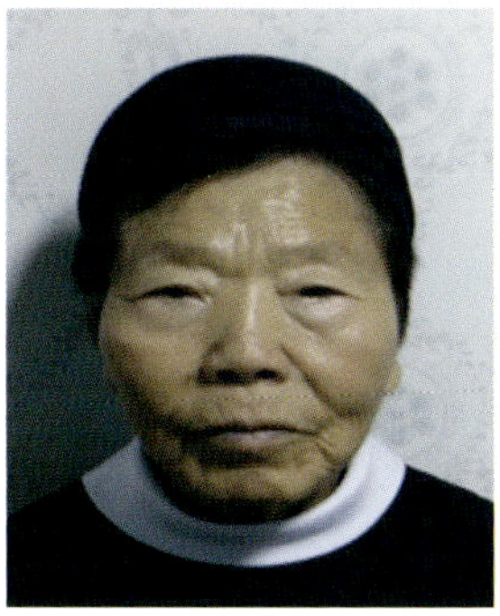

원장 안용님 수도사

- 기드온신학교 졸업(11회) (1967. 05. 11)
- 수도입도(1967. 08. 21)
- 수도사 안수(1975. 08. 21)

- 원　장 : 안용님 수도사
- 부원장 : 방옥석 수도사(7기, 부원장 취임, 1990)
- 주　소 : 전남 해남군 계곡면 비슬안 길330(59018)
- 전　화 : 061-533-1070
- 설립자 : 안용님 수도사
- 설립일 : 1973년 9월 31일

1987년 당시 성전 건물

봉좌산기도원 박분태 수도사 (3기)

원장 박분태 수도사

- 기드온신학교 졸업(11회) (1967. 05. 11)
- 수도입도(1967. 08. 21)
- 수도사안수(1975. 08. 21)

- 원　장 : 박분태 수도사
- 주　소 : 포항시 북구 기계면 봉계1리봉좌산길141(37529)
- 전　화 : 054) 243-1525
- 설립자 : 박분태 수도사
- 설립일 : 1973년 9월 3일
- 부　지 : 1.2정보

1987년 당시 기도원 전경

봉좌산기도원 전경

국내선교사 김문기 수도사 (3기)

김문기 수도사

- 기드온신학교 졸업(12회) (1968. 04. 20)
- 수도입도(1967. 8. 21)
- 수도사 안수(1975. 8. 21)

◆ 주　소 : 경북 김천시 어모면 능치1리 용문산길 588-20

◆ 사　역

- 용문산여자고등성경학교 성경강의(1971~1983)
- 용문산여자고등성경학교 예과과장(1983~)
- 용문산여자고등성경학교 기숙사 사감(1983~)
- 국내 선교 사역(2006~2018, 현재)

여자고등성경학교 교사

여자고등성경학교 졸업식 20회~22회

여자고등성경학교 여학생 기숙사(마리아료)

흰돌산기도원 서인애 수도사 (3기)

원장 서인애 수도사

- 기드온신학교 졸업(11회) (1967. 05. 11)
- 수도입도(1967. 08. 21)
- 수도사안수(1975. 08. 21)

- 원　장 : 서인애 수도사
- 주　소 : 경기도 화성군 봉담면 서곡리
- 전　화 : (0331)34-3111
- 설립자 : 서인애 수도사
- 설립일 : 1974년 3월 25일
- 부　지 : 6,000평
- 사　역 : 흰돌선교회 선교사역(미국 로스앤젤레스, 1996~현재)

1987년 당시 흰돌산기도원

소백산기도원 김외탁 수도사 (3기)

원장 김외탁 수도사

- 기드온신학교 졸업(11회) (1967. 05. 11)
- 수도입도(1967. 08. 21)
- 수도사 안수(1975. 08. 21)

- 원 장 : 김외탁 수도사
- 주 소 : 경북 영주시 풍기읍 삼가리 479번길 18-81(36018)
- 전 화 : 054)638-4838
- 설립자 : 김외탁 수도사
- 설립일 : 1974년 5월 11일
- 부 지 : 1,139평

- 최초 설립자 : 윤봉임 전도사(1964년 폐원)
- 김외탁 수도사 재건(1974년)

1987년 당시 건물

성 전

식 당

수도산기도원 임영이 수도사 (4기)

원장 임영이 수도사

- 기드온신학교 졸업(12회) (1968. 04. 20)
- 수도입도(1970. 04. 01)
- 수도사 안수(1981. 04. 27)

- 원　장 : 임영이 수도사
- 주　소 : 충남 부여군 충화면 팔충로 420-71(33212)
- 전　화 : 041)9144-1370
- 설립자 : 임영이 수도사
- 설립일 : 1984년 4월 23일
- 부　지 : 2만평

- 기도원 헌납 → 수도사 연회(2018. 04. 25)

개인 기도실

숙 소

수도산기도원 전경

수양산기도원 박승자 수도사 (4기)

원장 박승자 수도사

- 기드온신학교 졸업(13회) (1969. 10. 20)
- 수도입도(1970. 04. 1)
- 수도사 안수(1981. 04. 27)

- 원　장 : 박승자 수도사
- 주　소 : 전북 완주군 소양면 대흥리 오도길 77(55348)
- 전　화 : 063)243-9037, 063)243-8475
- 설립자 : 박승자 수도사
- 설립일 : 1976년 7월 6일
- 부　지 : 9,000평
- 새 성전입당예배(1999. 12. 09)

첫 성전 완공(1980)

기도원과 40년을 함께 한 사계절 단풍나무

매화산기도원 김용자 수도사 (4기)

원장 김용자 수도사

- 기드온신학교 졸업(15회) (1971. 03. 13)
- 수도입도(1970. 04. 01)
- 수도사 안수(1981. 04. 27)

- 원　장 : 김용자 수도사
- 주　소 : 경기도 시흥군 소래읍 매화리 220-2
- 설립자 : 김용자 수도사
- 부　지 : 310평

- 기도원 이전(2차 / 송도기도원)
- 주　소 : 인천 연수군 동춘동 820-130
- 전　화 : 032)831-1531
- 설립일 : 1990년

- 기도원 이전(3차)
- 주　소 : 인천 연수구 옥련동 634-1 동배로40번길 18 삼성A 4-1003(21951)

1987년 당시
매화산기도원 전경

용문산기도원 구국제단 김일순 수도사 (4기)

김일순 수도사

- 기드온신학교 졸업(13회) (1969. 10. 20)
- 수도입도(1970. 04. 01)
- 수도사 안수(1981. 04. 27)

- 설립자 : 나운몽 목사
- 설립일 : 1963년 4월 30일
- 관리자 : 김일순 수도사
- 사　역 : 구국제단 발령(1978)
  구국제단 관리(1978~현재)

설립당시 구국제단(1964. 04. 30) 지붕 없음

현재의 구국제단(지붕 씌운 모습)

구국제단 관리자 숙소

구국기도자 대기실

응답산기도원 이연우 수도사 (5기)

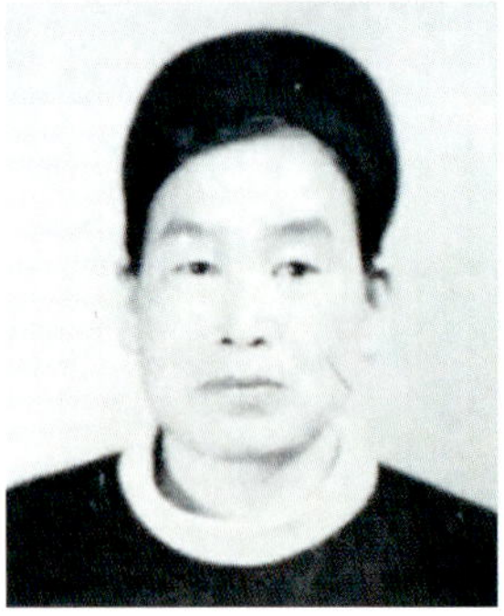

원장 이연우 수도사

- 기드온신학교 졸업(18회) (1973. 09. 07)
- 수도입도(1972. 11. 01)
- 수도사안수(1984. 03. 27)

- 원　　장 : 이연우 수도사
- 주　　소 : 강원도 홍천군 내촌면 구만길76-14
- 전　　화 : 033)433-3147
- 설립자 : 이연우 수도사
- 설립일 : 1985년 4월 8일
- 부　　지 : 120평

1987년 당시 건물

용문산기도원 內 한동호 수도사 (5기)

한동호 수도사

- 기드온신학교 졸업(18회) (1973. 09. 07)
- 수도입도(1972. 11. 01)
- 수도사 안수(1984. 03. 27)

- 설립자 : 나운몽 목사
- 주　소 : 경북 김천시 어모면 용문산길 551-14(39500)
- 전　화 : 054)435-5814
- 사　역 : 기드온신학교 기드온료 사감(1977. 09. 08)
  용문산남자성경고등학교 담임(1979. 03)
  예과 성지과 영어강의(1980. 03)
  용문산 신용협동조합 이사(1981. 03. 18)
  새마을 지도자(2002. 02~현재)
  용문산기도원 관리부(2003. 03~현재)
  기독교대한감리회 유지재단 교역자(　　　　　)
  기독교대한감리회 유지재단 은퇴(2017. 04. 19)
  용문산기도원 시목(2017. 04. 19)

남자고등성경학교

남자 수도원

신학교 기숙사(기드온료)

낙동강기도원 이금자 수도사 (5기)

원장 이금자 수도사

- 침례회신학교 졸업 (1966. 03)
- 기드온신학교 졸업(17회) (1972. 10)
- 수도입도(1972. 11. 01)
- 수도사 안수(1984. 03. 27)

- 원　장 : 이금자 수도사
- 주　소 : 경북 상주군 낙동면 신상 양지길 32-2
- 전　화 : 054)532-5584
- 설립자 : 박연님 수도사
- 설립일 : 1967년 6월 30일
- 부　지 : 7,000평
- 낙동강기도원 원장 취임 (1981)

상주노인복지센터 연혁

- 사회복지법인 은천복지재단 기증
- 주　소 : 경북 상주시 낙동면 신상리 955번지(임야 3,124㎡)
  경북 상주시 낙동면 신상리 968번지(임야 10,669㎡)
  경북 상주시 낙동면 신상리 968-1번지(종교용지 440㎡)
  경북 상주시 낙동면 신상리 968-1번지(종교시설 195㎡)
  - 상주분소 설치(사회복지법인 은천노인복지회, 2004. 12. 07)
  - 상주가정봉사원파견센터 설치허가(2005. 04. 07)
  - 상주가정봉사원파견센터 개원(2005. 04. 07)
  - 상주노인요양공동생활가정 개원(2010. 09. 14)
  - 상주노인요양원 증축(29명) 시설(2017. 08)

새 성전 건축(1987. 05)

1970년 당시 성전

기도원 부속 건물(1997. 05)
상주재가노인복지센터 전환(2004. 12)

기도원 교회관사 및 교육관(2011. 07)

상주노인요양공동생활가정(2010. 09. 14)

상주노인요양원 증축(2017. 08)

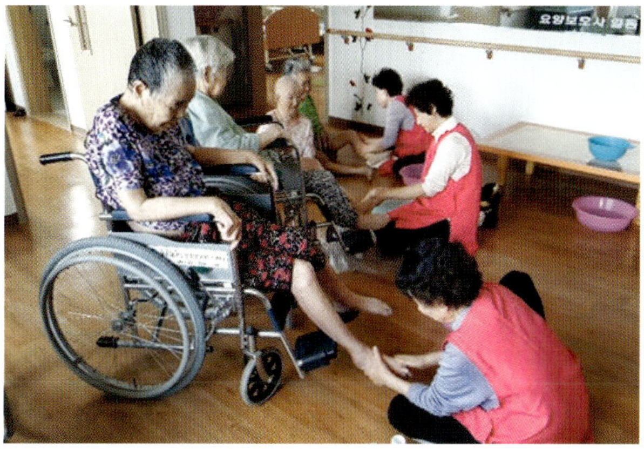

상주시민교회 여선교회 발맛사지 봉사

무료진료봉사(카이로)

사랑의 밥차 (마을회관 방문)

경상북도 사회복지협의회 행사 참석

용문산기도원 內 박수련 수도사 (5기)

박수련 수도사

- 기드온신학교 졸업(13회)
  (1969. 10. 20)
- 수도입도(1972. 11. 01)
- 수도사 안수(1984. 03. 27)

- 설립자 : 나운몽 목사
- 주　소 : 경북 김천시 어모면 용문산길 523-7 벧엘A 305호
  (39500)
- 전　화 : 054)435-5811
- 소　속 : 용문산기도원
- 사　역 : 여학생 기숙사 사감 겸 고등성경학교 교사(1983~, 10년)
  기드온신학교 성경강의(1993~, 4년)

여자고등성경학교 교사

신학교 여학생 기숙사(안나료)

용문산기도원 內 정화자 수도사 (5기)

정화자 수도사

- 기드온신학교 졸업(18회)
  (1973. 03. 26)
- 수도입도(1972. 11. 01)
- 수도사 안수(1984. 03. 27)
- 소천(2005. 03. 19)

- 설립자 : 나운몽 목사
- 주　소 : 경북 김천시 어모면 용문산길 523-7
- 소　속 : 용문산기도원
- 사　역 : 기드온신학교 교수(헬라어 초급반 강의)
  기드온신학교 서무과장
  기드온신학교 학장비서(비서실)

기드온신학교 및 선교대학원대학교

도곡산기도원 양예자 수도사 (5기)

원장 **양예자** 수도사

- 원　장 : 양예자 수도사
- 주　소 : 충남 계룡시 엄사면 도곡로 252-12
- 전　화 : 041)841-6990
- 설립자 : 양애자 수도사
- 설립일 : 1978년 5월 1일
- 부　지 : 3,300평
- 이　전 : 2012년 5월
- 주　소 : 충남 공주시 금흥동 연수원길 47-30 공주원로원(32589)

- 기드온신학교 졸업(16회) (1972. 03. 06)
- 수도입도(1972. 10. 02)
- 수도사 안수(1984. 03. 27)
- 협성대학전신대전남부신학교 졸업(1984)
- 한남대학교학제신학대학 졸업(상담학 전공) (2007. 03)
- 아시아연합신학대학교연구원 졸업 (목회학, 상담학 전공, 2007)

숙소 및 성전개원(1978)

목양관

제1차 성전(1979)

2차 성전 증축(1985)

도곡산기도원 30년 (2008)

제3차 성전 증축(2006)

샛별산기도원 오용자 수도사 (5기)

원장 **오용자** 수도사

- 기드온신학교 졸업(17회)
  (1972. 10. 12)
- 수도입도(1972. 11. 01)
- 수도사 안수(1984. 03. 27)

- 원　장 : 오용자 수도사
- 주　소 : 전남 화순군 남면 장전2구산 119번지
- 전　화 : 061)372-6269
- 설립자 : 오용자 수도사
- 설립일 : 1978년 5월 10일
- 1차 개원예배(1979. 06. 05)
- 부　지 : 5,200평

- 기도원 이전(주암댐공사)
- 주　소 : 전남 화순군 화순읍 강남실길21번지(58133)
- 전　화 : 061)372-6187
- 설립일 : 2009년 11월 16일

1987년 당시 1차 기도원 전경

기도원 이전(2009. 11) ↓

영골산기도원 김은경 수도사 (5기)

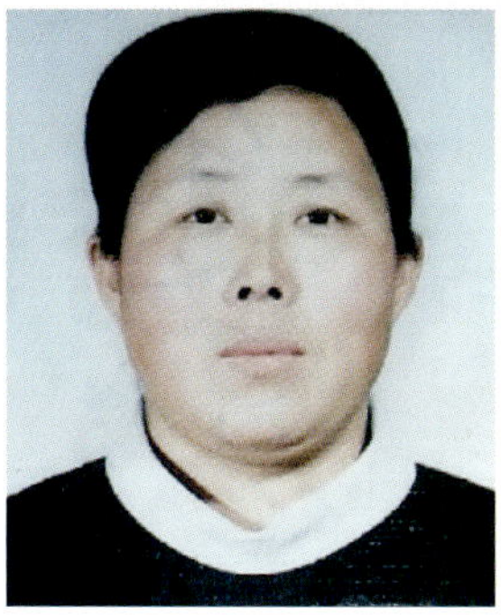

원장 김은경 수도사

- 기드온신학교 졸업(16회) (1972. 03. 06)
- 수도입도(1972. 11. 01)
- 수도사 안수(1984. 03. 27)

- 원　장 : 김은경 수도사
- 주　소 : 대전시 서구 5동 영골산기도원 4년 사역
- 건　축 : 1989년 6월 30일
- 사　역 : 대흥산기도원 설립(충남 예산군, 1979)
  홍은산기도원(충남 홍성군, 1983)
  영골산기도원 설립(대전시, 1989)
  수락산기도원(충남 논산시, 1993)
  지정교회 목회(충북 옥천군, 2001~2014)
- 현주소 : 경북 김천시 아포면 국사리 600-9 로즈힐모델 4층 (39674)

설립당시 영골산기도원 건물(설립일 : 1989. 6. 30)

압복강기도원 최귀자 수도사 (5기)

원장 **최귀자** 수도사

- 기드온신학교 졸업(16회)
  (1972. 03. 06)
- 수도입도(1972. 11. 01)
- 수도사 안수(1984. 03. 27)

- 원　장 : 최귀자 수도사
- 주　소 : 경기도 파주군 파주읍 봉서2리 28
- 전　화 : 0348)52-6000
- 설립자 : 임명숙 수도사
- 설립일 : 1968년 2월 7일
- 압복강기도원 원장 취임(1984)
- 사　역 : 해외선교사역(태국, 중국, 2019 현재)

압복강기도원 설립 동기

압복강 기도원이 설립되게 된 배경에는 역사적 두 사건이 있다.

"남북통일의 길은 무장남침이 있기 전에 비무장 북진에 있다"라는 신념으로 두 번의 북진운동이 있었다. 1차 북진운동은 대전역에서 군 · 경에 의해 무산되고, 2차 북진운동은 미국의 정보함 '푸에블로호' 납치사건으로 북 · 미간 판문점에서 열리는 비밀회담을 저지하기 위해 미군의 무장 저지선을 뚫고 자유의 다리를 건너 판문점을 향해 돌진한 1968년 2.7데모사건이다. 두 사건 모두 남북통일을 염원하는 애국애족의 사상에서 출발하였으나 남북이 무장 대치 상황에서 긴장감만이 흐르던 38선을 넘을 수는 없었다.

남북통일을 위한 비무장 북진운동의 대의는 좌절되고, 한국의 압복강 임진강변에 천사와 씨름하는 철야기도처를 세워야 한다는 공감대 위에 남북통일의 전초기지로서 사명을 받은 기도원이다.

조규남 권사 성전건축 후원

1987년 당시 압복강 기도원

팔당산기도원 장은실 수도사 (5기)

원장 장은실 수도사

- 기드온신학교 졸업(17회) (1972. 10. 02)
- 수도입도(1972. 11. 01)
- 수도사 안수(1984. 03. 27)

- 원　장 : 장은실 수도사
- 주　소 : 경기도 양평군 양서면 신원2리
- 전　화 : 0336)72-6932
- 설립자 : 장은실 수도사
- 설립일 : 1978년 8월
- 부　지 : 12,000평
- 이　전 : 서울 이사(2009. 01. 09)
- 주　소 : 서울시 강동구 아리수로 94길72 리버피크APT 803-701(05212)

명상의집 (세미나실, 2008. 07. 15)

1987년 당시 성전

2008년 팔당산기도원 전경

대청산기도원 임연임 수도사 (5기)

원장 임연임 수도사

- 기드온신학교 졸업(18회) (1973. 03. 26)
- 수도입도(1972. 11. 01)
- 수도사 안수(1984. 03. 27)

- 원　장 : 임연임 수도사
- 주　소 : 충북 청주시 서원구 현도면 죽암도원로 88(28213)
- 전　화 : 043-260-8303
- 설립자 : 임연임 수도사
- 설립일 : 1978년 8월 21일
- 부　지 : 2,500평
- 주택 건축(1979. 12. 04)
- 성전 건축(1982. 04. 01)
- 소예배실 건축(1990. 12. 04)
- 식당 건축(1999)

1979년 당시 건물

여자 숙소 겸 사택(1978. 08. 21)

성전 및 목사관(1982. 04. 01)

안성산기도원 한정희 수도사 (5기)

원장 **한정희** 수도사

- 기드온신학교 졸업(17회) (1972. 10. 02)
- 공주영산대학 사회복지과 졸업 (2006)
- 수도입도(1972. 11. 01)
- 수도사 안수(1984. 03. 27)

- 원　장 : 한정희 수도사
- 주　소 : 경기도 안성군 삼죽면 미장리
- 전　화 : 031)472-3471
- 설립자 : 임명숙 수도사
- 설립일 : 1982년
- 부　지 : 2,800평
- 안성산기도원 원장 취임(1983. 05. 04)
- 사　역 : 남산감리교회 시무(1989)
  늘푸른교회 노인복지 사역(1994)
  은천주간보호센터 사역(2007. 01. 15)

1982년 당시 첫 건물(숙소)

임명숙 • 한정희 수도사(설립당시)

숙소 및 성전

옥전산기도원 이경자 수도사 (5기)

원장 이경자 수도사

- 기드온신학교 졸업(18회) (1973. 03. 26)
- 수도입도(1972. 11. 01)
- 수도사 안수(1984. 03. 27)

- 원　장 : 이경자 수도사
- 주　소 : 충북 제천군 봉양면 옥전2구
- 전　화 : 0443)42-4737
- 설립자 : 이경자 수도사
- 설립일 : 1978년 8월 2일
- 부　지 : 2,500평
- 이　전 : 충북 제천시 용두대로7길 25 그린코아루아파트 106-1304(27187)

1987년 당시 옥전산기도원 전경

남산기도원 노애숙 수도사 (5기)

원장 노애숙 수도사

- 기드온신학교 졸업(18회)(1973. 03. 26)
- 수도입도(1972. 11. 01)
- 수도사 안수(1984. 03. 27)

- 원　장 : 노애숙 수도사
- 주　소 : 전북 군산시 임피면 보석 남산길 62(54057)
- 전　화 : 063-453-2485
- 설립자 : 노애숙 수도사
- 설립일 : 1982년 8월 25일
- 부　지 : 2,000평
- 사　역 : 용문산여자성경고등학교 기숙사 사감(1975~)
  용문산기도원 구국제단 시무(1976~)
  기드온신학교 여자기숙사 사감(1978~)

1987년 당시 건물

대성전 건축(2007)

현재 건물(2019)

호두산기도원 유정순 수도사 (5기)

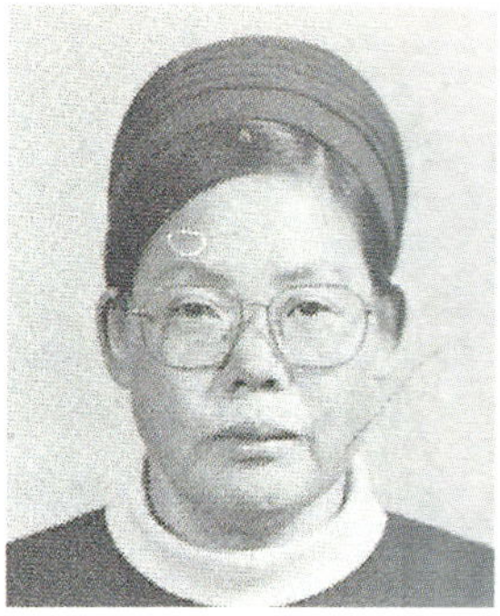

원장 유정순 수도사

- 기드온신학교 졸업(18회) (1973. 03. 26)
- 수도입도(1972. 11. 01)
- 수도사 안수(1984. 03. 27)
- 소천(1996. 02. 20)

- 원　장 : 유정순 수도사
- 주　소 : 전북 남원군 수지면 호곡리
- 전　화 : 0671) 32-4571
- 설립자 : 유정숙 수도사
- 설립일 : 1979년 3월 5일
- 부　지 : 1,000평
- 문혜영 수도생 파송(1996. 12)
- 하정숙 목사 파송(1996. 11. 15)

1987년 당시 기도원 전경

울산기도원 양성은 수도사 (6기)

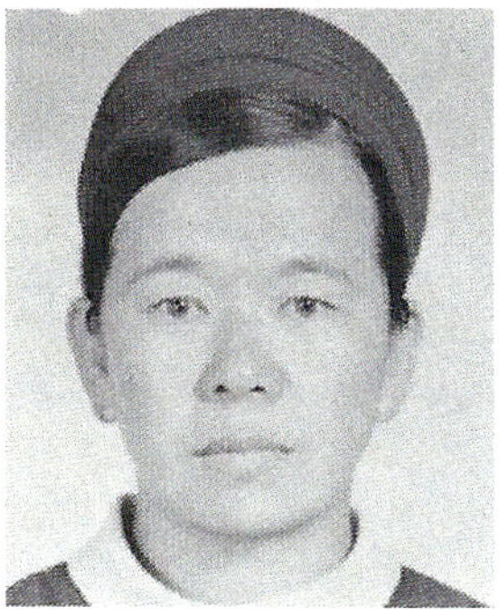

원장 양성은 수도사

- 기드온신학교 졸업(22회) (1977. 03. 07)
- 대구미래대학교 사회복지학과 (2005. 03. 04)
- 수도입도(1976. 03. 06)
- 수도사안수(1986. 05. 20)

◆ 원　장 : 양성은 수도사
◆ 주　소 : 경북 울산시 북정동 440
◆ 전　화 : 052)243-2150
◆ 설립자 : 양성은 수도사
◆ 설립일 : 1983년 3월 27일
◆ 부　지 : 240평
◆ 주소변경 : 수원시 장안구 수일로 191-26 A동 1102-302 요양원(16293)

"이곳을 주님의 땅으로 삼아주십시오"
처음 자리를 잡고

대구산기도원 유은숙 수도사 (6기)

부원장 유은숙 수도사

- 기드온신학교 졸업(21회) (1976. 03. 19)
- 수도입도(1976. 03. 06)
- 수도사 안수(1986. 05. 20)

- 원　장 : 이정자 수도사
- 부원장 : 유은숙 수도사(1977년 부임)
- 주　소 : 경북 대구시 동구 파계로 473-16(41000)
- 전　화 : 053) 982-0575
- 설립자 : 이정자 수도사
- 설립일 : 1971년 4월 30일
- 부　지 : 1만 8백평

대성전 건축 전 성전

신축 새 성전(1995. 06. 06 입당)

고산봉기도원 김순희 수도사 (6기)

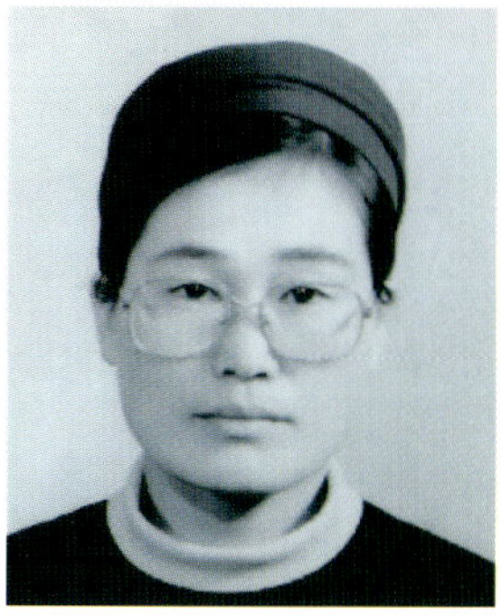

원장 김순희 수도사

- 기드온신학교 졸업(17회) (1972. 10. 02)
- 수도입도(1976. 03. 06)
- 수도사 안수(1986. 05. 20)
- 소천(2013. 05. 28)

- 원　장 : 김순희 수도사
- 부원장 : 박사순 수도사(7기)
- 주　소 : 전남 함평군 대동면 향교리(525-830)
- 설립자 : 김순희 수도사, 박사순 수도사
- 설립일 : 1988년 11월 24일
- 이　전 : 2000년
- 주　소 : 전남 나주시 용산동 용산 주공아파트 206동

고산봉기도원 개원예배 기념(1988)

엘림기도원 최계순 수도사 (6기)

원장 **최계순** 수도사

- 기드온신학교 졸업(20회) (1975. 3. 13)
- 수도입도(1976. 03. 06)
- 수도사 안수(1986. 05. 20)

- 원　장 : 최계순 수도사
- 주　소 : 전북 익산시 황등면 화강암로122-19(54532)
- 전　화 : 063)856-3323
- 설립자 : 최계순 수도사
- 설립일 : 1982년 3월 21일
- 부　지 : 800평
- 기도원 부지 증여
  - 사회복지법인 은천복지재단 증여(2004. 07. 16)
    전남 익산시 황등면 화등리 63-2번지(대지 698㎡. 주택70㎡)
    전남 익산시 황등면 화등리 63-3번지(전 661㎡)
    전남 익산시 황등면 화등리 63-5번지(전 643㎡)
  - 황등분사무소 설치(2004. 11. 25)
  - 엘림요양원 개원식(2008. 10. 30)

엘림요양원

엘림기도원 전경

설곡산기도원 김분출 수도사 (6기)

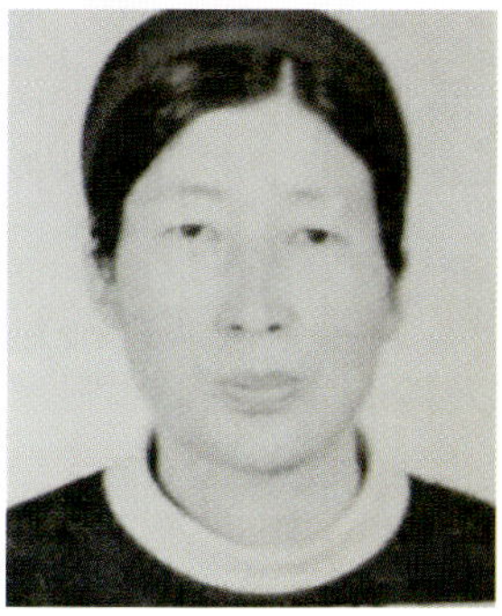

원장 김분출 수도사

- 기드온신학교 졸업(20회) (1975. 03. 14)
- 수도입도(1976. 03. 06)
- 수도사 안수(1986. 05. 02)
- 소천(2006. 09. 20)

- 원　장 : 김분출 수도사
- 주　소 : 강원도 춘천시 남면 수동리
- 전　화 : 0361)52-8742
- 설립자 : 김분출 수도사
- 설립일 : 1983년 4월 12일
- 부　지 : 2,300평

설곡산기도원 전경

승리산기도원 박화자 수도사 (6기)

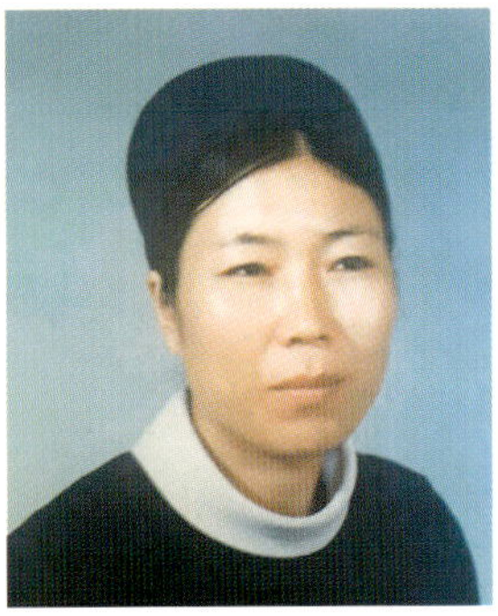

원장 박화자 수도사

- 기드온신학교 졸업(22회) (1977. 03. 07)
- 수도입도(1976. 03. 06)
- 수도사 안수(1986. 05. 20)
- 동아인재대학 사회복지학과 졸업 (2010. 02. 10)

- 원 장 : 박화자 수도사
- 주 소 : 전남 강진군 강진읍 임천리 팔암길 51(59247)
- 전 화 : 061)433-5648
- 설립자 : 박화자 수도사
- 설립일 : 1980년 5월 8일

1987년 당시 성전 및 숙소

곤지암기도원 목화자 수도사 (6기)

부원장 **목화자** 수도사

- 기드온신학교 졸업(22회 (1977. 03. 07)
- 수도입도(1976. 03. 09)
- 수도사 안수(1986. 05. 02)

- 원　장 : 정혜주 수도사
- 부원장 : 목화자 수도사
- 주　소 : 경기도 광주군 실촌면 열미리 열미길 856
- 설립자 : 정혜주 수도사, 목화자 수도사
- 설립일 : 곤지암기도원 인수(1983. 09. 23) → 재건
- 부　지 : 4,000평
- 입당예배(1995. 10. 19)
- 이　전 : 2010년 6월
- 주　소 : 경기도 광주시 곤지암읍 열미길565(12717)

현 거주지(곤지암, 2019)↓

월성산기도원 박점이 수도사 (6기)

원장 **박점이** 수도사

- 기드온신학교 졸업(22회) (1977. 03. 07)
- 수도입도(1976. 03. 06)
- 수도사 안수(1986. 05. 02)
- 대구보건대 사회복지과 졸업(2002)

- 원　장 : 박점이 수도사
- 주　소 : 경북 경주시 외동읍 구어공단1길 51-7(38205)
- 전　화 : 054)773-1291
- 설립자 : 박점이 수도사
- 설립일 : 1980년 5월 30일
- 부　지 : 1,000평
- 사　역 : 베다니요양원 설립(2000. 05)
  노인요양공동생활가정

1987년 당시 성전 건물

현재 새 성전(2019)

베다니노인요양공동생활가정 설립(2000. 05)

베다니노인의집 개원 컷팅식

베다니 노인의 집 입주 감사예배

베다니 노인의 집 위문공연

베다니 노인의 집 윷놀이

지역사회 후원

자원봉사자

계명현기도원 이창연 수도사 (7기)

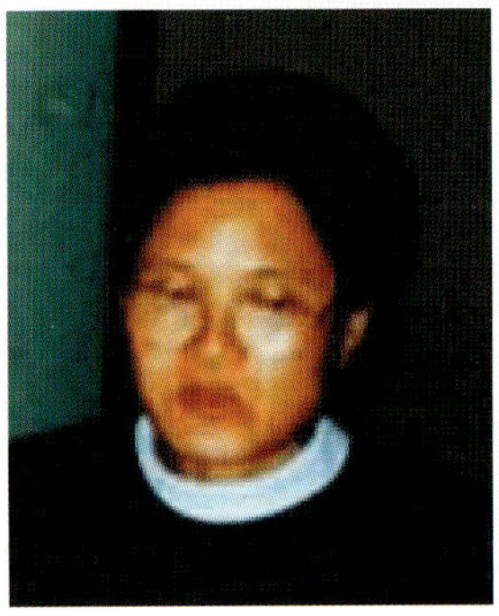

부원장 이창연 수도사

- 기드온신학교 졸업(12회) (1968. 04. 20)
- 수도입도(1978. 09. 09)
- 수도사 안수(1990. 09. 07)

- 원 장 : 이병만 수도사
- 부원장 : 이창연 수도사
- 주 소 : 경기도 여주군 흥천면 상대리
- 설립일 : 1986년 10월 12일 취임
- 사 역 : 팔당능내리 기도원설립 부원장(1980. 09)
  은천노인상담소 사역(1986. 10. 15)
  이창연 수도사 분가(1995년)

계명현기도원 사택(1967)

계명현기도원(1967. 10. 12)

팔당 능내리 기도원 개척 (1980. 09)

팔당 능내리 기도원 숙소 및 성전

흑석산기도원 방옥석 수도사 (7기)

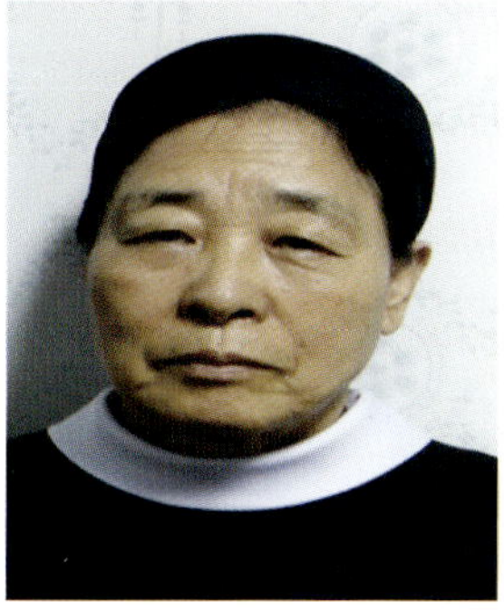

부원장 **방옥석** 수도사

- 기드온신학교 졸업(20회) (1975. 03. 14)
- 수도입도(1978. 09. 09)
- 수도사 안수(1990. 09. 07)

- 원　장 : 안용님 수도사
- 부원장 : 방옥석 수도사 (부원장 취임, 1990)
- 주　소 : 전남 해남군 계곡면 비슬안 길 330(59018)
- 전　화 : 061-533-1070
- 설립자 : 안용님 수도사
- 설립일 : 1972년 10월

한밭산기도원 김관순 수도사 (7기)

원장 김관순 수도사

- 기드온신학교 졸업(24회) (1979. 02. 17)
- 수도입도(1978. 09. 09)
- 수도사 안수(1990. 09. 07)

- 원 장 : 김관순 수도사
- 주 소 : 금산군 복수면 곡남리 배내미길 142(32703)
- 전 화 : 041)752-8331
- 설립자 : 김관순 수도사
- 설립일 : 1984년 5월
- 부 지 : 1,000평

1984년 당시 건물

1987년 당시 건축물

울릉도기도원 이정숙 수도사 (7기)

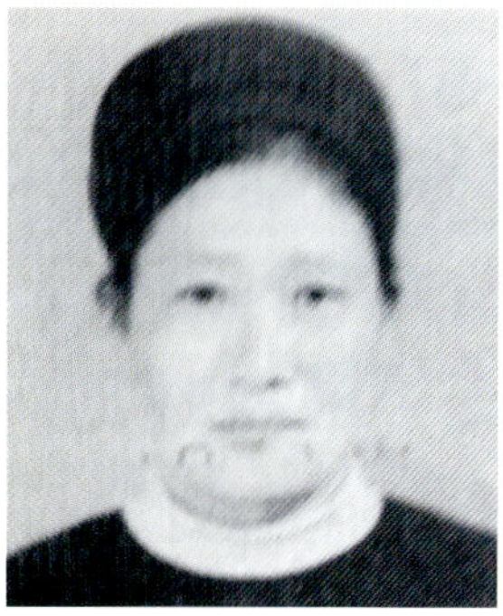

원장 이정숙 수도사

- 기드온신학교 졸업(22회)
  (1979. 03. 07)
- 수도입도(1978. 09. 09)
- 수도사 안수(1990. 09. 07)

- 원　장 : 이정숙 수도사
- 주　소 : 경북 울릉군 남면 사동
- 전　화 : 054)791-3236
- 설립자 : 강애자 수도사
- 설립일 : 1960년
- 부　지 : 1,072평
- 후임자 : 이정숙 수도사(1990)

울릉도기도원 구국제단

1987년 당시 울릉도 기도원

포동산기도원 홍금표 수도사 (7기)

원장 **홍금표** 수도사

- 기드온신학교 졸업(23회) (1978. 02.)
- 수도입도(1978. 09. 09)
- 수도사 안수(1990. 09. 07)

- 원　장 : 홍금표 수도사
- 주　소 : 충북 괴산군 사리면 모래제로이곡2길 229-70 (28047)
- 전　화 : 043)833-6533
- 설립자 : 홍금표 수도사
- 설립일 : 1993년 11월
- 부　지 : 1,600평

포동산기도원 전경

백전산기도원 김선이 수도사 (7기)

원장 김선이 수도사

- 기드온신학교 졸업(23회) (1978. 02. 20)
- 수도입도(1978. 09. 09)
- 수도사 안수(1990. 09. 07)
- 소천(2017. 07. 11)

- 원　장 : 김선이 수도사
- 주　소 : 강원도 정선군 사북면 백전2리
- 설립자 : 김선이 수도사
- 설립일 : 1986년 4월 26일
- 부　지 : 109평

- 이　전(수해로 기도원이 소실되어 이전 함.)
- 도화담교회 목회
- 주　소 : 충남 보령시 주산면 삼곡1리 작은 샘실길33

1987년 당시 건축물(백전산기도원)

금오산기도원 이경선 수도사 (7기)

원장 이경선 수도사

- 기드온신학교 졸업(22회) (1977. 03. 07)
- 수도입도(1978. 09. 09)
- 수도사 안수(1990. 09. 07)
- 소천(2017. 05)

- 원　장 : 이경선 수도사
- 주　소 : 경북 구미시 수점동 246(39308)
- 전　화 : 054)453-3564
- 설립자 : 이경선 수도사
- 설립일 : 1987년 9월

금오산기도원전경

고산봉기도원 박사순 수도사 (7기)

부원장 **박사순** 수도사

- 기드온신학교 졸업(23회) (1979. 02. 17)
- 수도입도(1978. 09. 09)
- 수도사 안수(1990. 09. 07)
- 총회신학 신학부 졸업 (1986. 02. 24.)
- 초당대학교 사회복지과 졸업 (2004. 02. 20)
- 한국신학대학교 신학대학원졸업 MD (2010. 02. 18)

- 원　장 : 김순희 수도사
- **부**원장 : 박사순 수도사
- 주　소 : 전남 함평군 대동면 향교리(525-830)
- 설립자 : 김순희 수도사, 박사순 수도사
- 설립일 : 1988년 11월 24일 개척

- 사　역 **:** 전남 함평군 나산면 우치길 62
  한국기독교장로회 우치교회 부임(2000. 03. 30)
  성전 및 사택 건축(2000. 11)

  전남 나주시 다도면 다도로 90(58233)
  한국기독교장로회 풍산교회 부임(2014. 08. 27~2019 현재)
  전　화 : 061)336-3429

고산봉기도원 개원예배 기념(1988)

충남기도원 박종숙 수도사 (7기)

원장 **박종숙** 수도사

- 기드온신학교 졸업(24회) (1979. 02. 17)
- 수도입도(1978. 09. 09)
- 수도사 안수(1990. 09. 07)

- 원　장 : 박종숙 수도사
- 주　소 : 충남 공주군 장기면 회동1길 46
- 설립자 : 강애자 수도사
- 설립일 : 1963년 4월 13일
- 부　지 : 2,640평
- 2대 원장 취임(1984. 06)
- 기도원명 변경 : 시온산기도원(2010, 세종시에 편입, 철거됨)
  충남 공주시 주미동 183번 부지매입(810평)

1987년 당시 건물

축령산기도원 박경숙 수도사 (7기)

원장 박경숙 수도사

- 기드온신학교 졸업(23회) (1979. 02. 17)
- 수도입도(1978. 09. 09)
- 수도사 안수(1990. 09. 07)

- 원 장 : 박경숙 수도사
- 주 소 : 경기도 남양주시 수동면 외방2리(12025)
- 전 화 : 031-591-6315
- 설립자 : 박경숙 수도사
- 설립일 : 1986년 11월 20일
- 부 지 : 2,952평

1987년 당시 건축물

기도원 전경(2017)

금수산기도원 조순여 수도사 (8기)

원장 조순여 수도사

- 기드온신학교 졸업(26회)
  (1981. 02. 27)
- 수도입도(1982. 03. 03)
- 수도사 안수(1994. 03. 02)

- 원　장 : 조순여 수도사
- 주　소 : 충북 단양군 적성면 하원곡2길 75-26(27000)
- 전　화 : 043)422-9650
- 설립자 : 조순여 수도사
- 설립일 : 1994년 8월

용문산기도원 內 김명숙 수도사 (8기)

김명숙 수도사

- 기드온신학교 졸업(26회) (1981. 02. 26)
- 국립사회복지연수원 사회복지사 양성반 이수(1998. 08. 14)
- 수도입도(1982. 03. 03)
- 수도사 안수(1994. 03. 02)

◆ 주　소 : 경북 김천시 어모면 용문산길 588-20(39500)
◆ 나운몽 목사님 인수 대표이사(1974. 3)
◆ 사　역 : 애향원 총무발령(1984 입사)
나동 아동숙사 및 행정실 신축(486.57㎡, 2006. 12)
다동 아동숙사 신축(157.90㎡, 2010. 07)
7대 김명숙 원장 취임(2012. 01)
가동 아동숙사 신축(454.12㎡. 2015. 04)
김명숙 원장 정년퇴임(2016. 01)
평화의집 설립(노인요양공동생활가정, 2014)
용문산기도원 사무실 실장(2017~)

평화의 집(노인요양공동생활가정, 2014)

기도원 사무실

애향원(아동복지시설)

용문산수도원 현순이 수도사 (8기)

현순이 수도사

- 기드온신학교 졸업(25회) (1981. 02. 27)
- 수도입도(1982. 03. 03)
- 수도사 안수(1994. 03. 02)

- 설립자 : 나운몽 목사
- 주　소 : 경북 김천시 어모면 용문산길 588-20(39500)
- 전　화 : 054)465-5810
- 사　역 : 용문산수도원 부사감 (1994. 3. 3~현재)

도봉산기도원 이용신 수도사 (8기)

원장 **이용신** 수도사

- 기드온신학교 졸업(25회) (1980. 02. 25)
- 수도입도(1982. 03. 03)
- 수도사 안수(1994. 03. 02)

- 원　장 : 이용신 수도사
- 주　소 : 충남 세종시 연서면 효교로 178-1
- 전　화 : 044)867-6451
- 설립자 : 이용신 수도사
- 설립일 : 1990년 4월 2일

1992년 당시 도봉산기도원 전경

도봉산기도원 성전(2017)

개인 기도실

천장산기도원 강정남 수도사 (8기)

원장 강정남 수도사

- 기드온신학교 졸업(27회) (1982. 02. 26)
- 수도입도(1982. 03. 03)
- 수도사 안수(1994. 03. 02)
- 공주영산대학 사회복지과 졸업(2006. 02)
- 소천(2013. 10. 24)

◆ 원　장 : 강정남 수도사
◆ 주　소 : 충남 청양군 정산면 천장리
◆ 설립자 : 강정남 수도사
◆ 설립일 : 1988년 12월 19일
◆ 전　화 : 041)942-0777
일동일교회 → 기도원으로 전환(1988)

◆ 사회복지 사역
- 증여 : 충남 청양군 정산면 청장리 산3-8(임야 : 496.528㎡, 교회 52.89㎡) (사회복지법인 은천복지재단(2006. 2. 24)
- 정산가정봉사원파견센터 설치 허가(2007. 1. 15)
- 노인돌봄종합서비스(2007)
- 장애인활동지원서비스
- 장기요양사업, 노인일자리사업노노케어(2008)
- 가사간병지원사업(2010)
- 저소득 가정 식사 배달사업(2012)
- 노인일자리사업 초등급식(2012)
- 사회복지법인 킹스빌리지 설립(법인허가 2013. 11. 29) → 사회복지법인 은천노인복지회에서 분가(2015)
- 대표이사 : 최성옥
- 소재지 : 충남 청양군 정산면 천장호길 69
- 사회복지법인 킹스빌리지 설립

천장산기도원 전경

천등산기도원 장은순 수도사 (8기)

원장 **장은순** 수도사

- 기드온신학교 졸업(26회)
  (1981. 02. 27)
- 수도입도(1982. 03. 03)
- 수도사 안수(1994. 03. 02)

- 원　장 : 장은순 수도사
- 부원장 : 김순자 수도사(1993 발령, 10기)
- 주　소 : 충북 충주시 산척면 밀목길 100(27315)
- 전　화 : 043)853-5987
- 설립자 : 장은순 수도사
- 설립일 : 1989년 9월 30일

성전(1990)

숙소(1990)

본 향 원 이영순 수도사 (8기)

원장 이영순 수도사

- 기드온신학교 졸업(27회) (1982. 02. 26)
- 수도입도(1982. 03. 03)
- 수도사 안수(1994. 03. 02)

- 원　장 : 이영순 수도사
- 주　소 : 경북 김천시 조마면 금강로 804-271(39694)
- 전　화 : 054)435-8880
- 설립자 : 이영순 수도사
- 설립일 : 1987년 4월 10일
- 사　역 : 본향원 설립(무의탁노인요양원, 1990)
  본향원(노인장기요양기관, 2008. 7)

아산만기도원 김길순 수도사 (8기)

원장 김길순 수도사

- 기드온신학교 졸업(28회) (1984. 02. 28)
- 수도입도(1982. 03. 03)
- 수도사 안수(1994. 03. 02)
- 공주영산대학 사회복지학과 졸업 (2009. 02. 29)

- 원 장 : 김길순 수도사
- 주 소 : 충남 아산시 영인면 월선서길 95-22(31428)
- 전 화 : 041)533-8705
- 설립자 : 김길순 수도사
- 설립일 : 1988년 7월
- 사 역 : 은혜 선교원 설립(1992. 03)
  은혜요양원(노인요양공동생활가정) 설립
  (2011. 06. 06, 현)

목양산기도원 신인숙 수도사 (9기)

원장 신인숙 수도사

- 기드온신학교 졸업(21회)(1976. 03. 09)
- 영락여자신학교 졸업(1981. 03)
- 수도입도(1985. 03. 04)
- 수도사 안수(1997. 09. 12)

◆ 원 장 : 신인숙 수도사
◆ 주 소 : 경북 영양군 일월면 오리리 678(764-830)
◆ 설립자 : 신인숙 수도사
◆ 설립일 : 2001년
◆ 대 지 : 3,000평
◆ 사역지 변경 : 엘림노인요양공동생활가정 직원(2015. 05. 30)
◆ 주 소 : 전북 익산시 황등면 화강암로 122-19(54532)
◆ 사업지 변경 : 목양산기도원으로 다시 돌아감(2018)

구병산기도원 송윤희 수도사 (9기)

설립자 송윤희 수도사

- 기드온신학교 졸업(25회) (1980. 02. 27)
- 수도입도(1985. 03. 04)
- 수도사 안수(1997. 09. 12)
- 소천(2007. 09)

- 원　장 : 송윤희 수도사
- 주　소 : 충북 보은군 바로면 적암리 보총대로 154-78(28964)
- 전　화 : 043)543-5851
- 설립자 : 송윤희 수도사
- 설립일 : 1993년 6월
- 부　지 : 1,000평
- 2대 원장 : 고봉순 수도사 부임(2002. 5. 9 개원)

평화산기도원 최기순 수도사 (9기)

원장 최기순 수도사

- 기드온신학교 졸업(28회) (1984. 02. 28)
- 영락여자신학교 졸업 (1985. 03. 04)
- 수도입도(1985. 03. 04)
- 수도사 안수(1997. 09. 12)

- 원　장 : 최기순 수도사
- 부원장 : 정선화 수도사 (10기, 1998 부임)
- 주　소 : 전남 구례군 구례읍 섬진강로 286-59
- 전　화 : 061-782-1175
- 설립자 : 최기순 수도사
- 설립일 : 1989년 7월 20일
- 건　축 : 1층(성전 30평), 2층(숙소 25평)

종곡산기도원 김명옥 수도사 (9기)

원장 **김명옥** 수도사

- 기드온신학교 졸업(29회) (1986. 03. 28)
- 수도입도(1985. 03. 04)
- 수도사 안수(1997. 09. 12)
- 성화대학 사회복지학과 졸업 (2009. 02. 20)

- 원 장 : 김명옥 수도사
- 부원장 : 김미경 수도사(10기)
- 주 소 : 경북 문경시 산북면 종곡길 94-16(36907)
- 전 화 : 054)553-8022
- 설립자 : 김명옥 수도사, 김미경 수도사
- 설립일 : 1994년 10월 27일
- 개원예배 : 1994년 10월 27일
- 입당예배 : 2000년 11월 13일

- 사회복지 사역
  - 증여 : 경북 문경시 산북면 종곡리 382-3(사회복지법인 은천복지재단(653㎡))
  - 문경분사무소 설치(사회복지법인 은천복지재단, 2006. 02. 24)
  - 문경가정봉사원파견센터 설치 신고(2006. 03. 28)
  - 문경가정봉사원파견센터 개원(2006. 05. 11)
  - 문경 주 · 야간보호시설 개원(2009. 01. 31)
  - 문경노인요양공동생활가정 개원(2010. 01. 01)

용문산기도원 內 남경희 수도사 (9기)

남경희 수도사

- 기드온신학교 졸업(29회) (1986. 03. 28)
- 수도입도(1985. 03. 04)
- 수도사 안수(1997. 09. 12)

◆ 주　소 : 경북 김천시 어모면 용문산길 588-19(39500)
◆ 전　화 : 435-5573

축복산기도원 김복순 수도사 (9기)

원장 김복순 수도사

- 기드온신학교 졸업(28회) (1984. 02. 28)
- 수도입도(1985. 03. 14)
- 수도사 안수(1997. 09. 12)
- 성화대학교 사회복지과 졸업 (2006. 02. 24)

- 원　장 : 김복순 수도사
- 부원장 : 김종말 수도사(11기, 1996. 5. 부임)
- 주　소 : 전북 임실군 삼계면 후천1길 19(55947)
- 전　화 : 063)642-5877
- 설립자 : 김복순 수도사
- 설립일 : 1992년 4월
- 건물 및 땅 매입(117평, 1992)
- 사　역 : 안나사랑원 설립(신고시설 2002. 09)
  새 교회 건축 입당예배(2007. 10)
  안나사랑원 → 노인장기요양기관 편입(2008. 10)
  노인장기요양기관 (안나사랑원) 설치(2008. 10)

엘리야기도원 이미순 수도사 (10기)

이미순 수도사

- 기드온신학교 졸업(30회) (1987. 02. 24)
- 수도입도(1988. 03. 07)
- 수도사 안수(2000. 09. 19)
- 전남나주대학 사회복지과 졸업 (2003. 02. 27)

- 이미순 수도사(사회복지사 사역)
- 주　소 : 경기도 파주시 광탄면 보광로 804-76
- 예은의집 시설장(2006~)
- 강화도 아름다운요양원 시설장(2010. 12~)
- 엘리야기도원 (2010. 12~)
- 은채요양원 근무(2012. 8~)

백혜진 수도사 (10기)

백혜진 수도사

- 기드온신학교 졸업(25회) (1980. 02. 25)
- 수도입도(1988. 03. 07)
- 수도사 안수(2000. 09. 19)
- 한국방송통신대학교 영어영문학과 졸업 (2012. 02. 22)

- 주　소 : 경북 김천시 어모면 용문산길 588-20
- 사　역 : 송계교회 목회
  사랑의 선교회 설립(2019년 현재 20년째 사역)

천사의 집 정선희 (10기)

원장 **정선희** 수도사

- 기드온신학교 졸업(32회) (1989. 02. 24)
- 수도입도(1988. 03. 07)
- 수도사 안수(2000. 09. 19)

- 원　장 : 정선희 수도사
- 주　소 : 충북 영동군 추풍령면 죽전리
- 전　화 : 043)742-3087
- 설립자 : 정선희 수도사
- 설립일 : 1995년 12월 28일
- 부　지 : 530평

천등산기도원 김순자 수도사 (10기)

부원장 김순자 수도사

- 기드온신학교 졸업(30회) (1987. 02. 24)
- 수도입도(1988. 03. 07)
- 수도사 안수(2000. 09. 19)

- 원　장 : 장은순 수도사
- 부원장 : 김순자 수도사(10기, 1993 발령)
- 주　소 : 충북 충주시 산척면 밀목길 100(27315)
- 전　화 : 043)853-5987
- 설립자 : 장은순 수도사
- 설립일 : 1989년 9월 30일

성전(1990)

숙소(1990)

국내 선교 여영희 수도사 (10기)

여영희 수도사

- 기드온신학교 졸업(32회) (1989. 02. 24)
- 수도입도(1988. 03. 07)
- 수도사 안수(2000. 09. 19)

- 주 소 : 충북 옥천군 동이면 우산로 2길 31-10(29022)
- 전 화 : 043)733-6719
- 사 역 : 국내 선교(금강소망교회 유년, 청년사역)

종곡산기도원 김미경 수도사 (10기)

부원장 김미경 수도사

- 기드온신학교 졸업(31회) (1988. 02. 24)
- 수도입도(1988. 03. 07)
- 수도사 안수(2000. 09. 19)
- 한국디지털대학교 사회복지학과 (2016. 02. 18)

◆ 원　장 : 김명옥 수도사(9기)
◆ 부원장 : 김미경 수도사
◆ 주　소 : 경북 문경시 산북면 종곡길 94-16(36907)
◆ 전　화 : 054)553-8022
◆ 설립자 : 김명옥 수도사, 김미경 수도사
◆ 설립일 : 1994년 10월 27일
◆ 개원예배 : 1994년 10월 27일
◆ 입당예배 : 2000년 11월 16일

◆ 사회복지 사역
- 증여 : 경북 문경시 산북면 종곡리 382-3(사회복지법인 은천복지재단(653㎡))
- 문경분사무소 설치(사회복지법인 은천복지재단, 2006. 02. 24)
- 문경가정봉사원파견센터 설치 신고(2006. 03. 28)
- 문경가정봉사원파견센터 개원(2006. 05. 11)
- 문경 주 · 야간보호시설 개원(2009. 01. 31)
- 문경노인요양공동생활가정 개원(2010. 01. 01)

문경재가복지센터(주간보호센터 1층, 노인요양공동생활가정 2층)

문경노인복지센터 어르신 나들이(지역사회 후원)

한방침술(서울 방주교회 봉사)

문경재가복지센터 어르신 두드림 공연 관람(포항 실내체육관)

문경재가복지센터 어르신 서울 나들이(후원 : 영락교회 여전도회)

평화산기도원 정선화 수도사 (10기)

부원장 정선화 수도사

- 기드온신학교 졸업(29회) (1986. 03. 28)
- 수도입도(1988. 03. 07)
- 수도사 안수(2000. 09. 19)

- 원　장 : 최기순 수도사(9기)
- 부원장 : 정선화 수도사(1998 부임)
- 주　소 : 전남 구례군 구례읍 섬진강로 286-59
- 전　화 : 061-782-1175
- 설립자 : 최기순 수도사
- 설립일 : 1990년 7월 20일

만사산기도원 고병갑 수도사 (11기)

원장 **고병갑** 수도사

- 기드온신학교 졸업(25회)
  (1981. 02. 27)
- 수도입도(1991. 03. 04)
- 수도사 안수(2003. 04. 02)

- 원　장 : 고병갑 수도사
- 주　소 : 충남 부여군 임천면 부흥로 923-62(33221)
- 전　화 : 041-832-9920
- 설립자 : 고병갑 수도사
- 설립일 : 1998년 4월 13일
- 부　지 : 1,200평
- 호렙산기도원 인수(1998) → 만사산기도원(명칭 변경)

호렙산기도원 인수 당시(1998. 04) 전경

기도원명 변경 : 만사산기도원

용문산기도원 구국제단 육상임 수도사 (11기)

부책임 육상임 수도사

- 기드온신학교 졸업(25회) (1991. 02. 22)
- 수도입도(1991. 03. 04)
- 수도사 안수(2003. 04. 02)

- 설립자 : 나운몽 목사
- 설립일 : 1963년 4월 30일
- 주　소 : 경북 김천시 어모면 용문산길 587-41
- 사　역 : 구국제단 발령(1996. 04. 28~현재)

설립당시 구국제단(1964)

현재 구국제단(2019)

구국제단 관리자 숙소

구국기도자 대기실

본향원 이옥경 수도사 (11기)

직원 이옥경 수도사

- 기드온신학교 졸업(33회) (1990. 2. 23)
- 수도입도(1991. 3. 4)
- 수도사 안수(2003. 4. 2)
- 경북과학대학교 사회복지학과 졸업 (2002. 2. 19)
- 요양보호사(2007)
- 대전나이팅게일 간호학원 간호조무사(2008. 3)

- 원 장 : 이영순 수도사
- 주 소 : 경북 김천시 조마면 금강로 804-271(39694)
- 전 화 : 054)435-8880
- 설립자 : 이영순 수도사
- 설립일 : 1987년 4월 10일
- 사 역 : 간호조무사 근무(2016. 09~)

본향원의 다향한 프로그램

밀알산기도원 한상란 수도사 (11기)

원장 한상란 수도사

- 기드온신학교 졸업(40회) (1997. 02. 24)
- 수도입도(1996. 03. 03)
- 수도사 안수(2006. 04. 03)

- 원　장 : 한상란 수도사
- 부원장 : 이해순 수도사(12기)
- 주　소 : 경남 거제시 동부면 부춘길 184-98(53331)
- 전　화 : 055)632-7267
- 설립자 : 한상란 수도사, 이해순 수도사(기존 기도원 인수)
- 인수일 : 2002년 8월 22일
- 부　지 : 2만평
- 성　전 : 50평 / 숙　소 : 1동

축복산기도원 김종말 수도사 (11기)

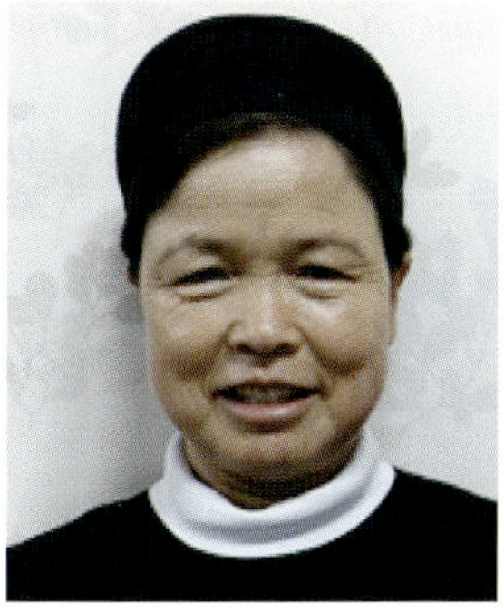

부원장 김종말 수도사

- 기드온신학교 졸업 (34회/1991. 2. 22)
- 수도입도(1991. 3. 4)
- 수도사 안수(2003. 4. 2)
- 도아인재대학교 사회복지과 졸업(2005. 3. 1)

- 원　장 : 김복순 수도사(9기)
- 부원장 : 김종말 수도사(1996. 5. 부임)
- 주　소 : 전북 임실군 삼계면 후천1길 19(55947)
- 전　화 : 063)642-5877
- 설립자 : 김복순 수도사
- 설립일 : 1992년 4월
- 건물 및 땅 매입(117평, 1992)
- 안나사랑원 설립 신고 시설(2002. 9)
- 성전 신축 입당예배(2007. 10)
- 노인장기요양기관 설치(2008. 10)

구병산기도원 고봉순 수도사 (12기)

원장 고봉순 수도사

- 기드온신학교 졸업(39회) (1996. 02. 27)
- 수도입도(1996. 03. 03)
- 수도사 안수(2006. 04. 03)

- 원　장 : 고봉순 수도사(2대 원장)
- 주　소 : 충북 보은군 마로면 적암리 보청대로 154-78(28964)
- 전　화 : 043) 543-5851
- 설립자 : 송윤희 수도사(9기)
- 설립일 : 1993년 6월
- 부　지 : 1,000평
- 부　임 : 개원예배(2002. 05. 09)

광양기도원 정경자 수도사 (12기)

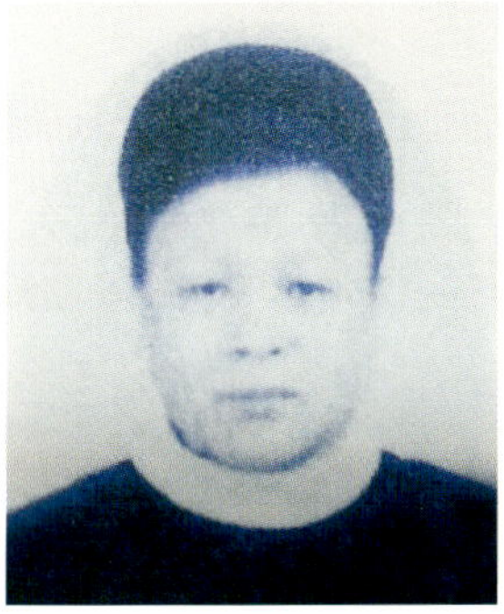

원장 정경자 수도사

- 기드온신학교 졸업(27회) (1982. 02. 26)
- 수도입도(1982. 03. 03)
- 수도사 안수(2006. 04. 03)

- 원　장 : 정경자 수도사
- 주　소 : 전남 광양시 봉광면 조형리 82번지
- 설립자 : 정경자 수도사
- 설립일 : 1987년
- 기도원 사역 은퇴
- 현주소 : 전남 광양시 광양읍 신재로 82 목성@ 11동 104호(57744)

밀알산기도원 이해순 수도사 (12기)

부원장 이해순 수도사

- 기드온신학교 졸업(35회) (1992. 02. 21)
- 수도입도(1991. 03. 03)
- 수도사 안수(2003. 04. 02)

- 원　장 : 한상란 수도사(11기)
- 부원장 : 이해순 수도사
- 주　소 : 경남 거제시 동부면 부춘길 184-98(53331)
- 전　화 : 055)632-7267
- 설립자 : 한상란 수도사, 이해순 수도사(기존 기도원 인수)
- 인수일 : 2002년 8월 22일
- 부　지 : 2만평(성전 : 50평 / 숙 소 : 1동)

기도원 설립

기 도 원 행 사

영도기도원 헌당예배

만민산기도원 헌당예배

계명현기도원 헌당예배

임금찬 수도사 팔순 감사예배 기념

유영숙 수도원감 생일만찬

대구산기도원 입당예배 기념

감림산기도원 성전 봉헌 예배

흰돌산기도원 성전 헌당 기념예배 후

사회복지 세미나(수도사연회 주최)

서해기도원 헌당 기념성회 후

샛별산기도원 입주예배

팔당산기도원 개원 30주년 기념예배 후

얍복강기도원 6.25 25주년 통일기원예배

종곡산기도원 개원 및 입당예배

포동산기도원 헌당예배

사회복지기관 설립

사회복지법인 설립 및 노인복지시설 건립

설립일	설립 및 운영주체		시설명	주소	설립자
1987.07.	사회복지법인 혜성복지원	감림산기도원	혜성원(유로요양원)	경남 양산시 하북면 감림산길55	이옥란 수도사
1986.10.15	사회복지법인 은천노인복지회		은천노인복지회관	서울시 동대문구 장한로 27가길 66	이병만 수도사
2014.06.26	사회복지법인 은천노인복지회		은천노인종합복지센터	서울시 동대문구 장한로 27가길 53	이병만 수도사
2004.12.07	사회복지법인 은천노인복지회	낙동강기도원	상주재가노인지원센터	경북 상주시 낙동면 신상 양지길32-2	이금자 수도사
2010.09.14			상주 노인요양공동생활가정	상 동	이금자 수도사
2017.08.			상주노인요양원	상 동	이금자 수도사
2008.10.30	사회복지법인 은천노인복지회	엘림기도원	엘림 노인요양공동생활가정	전북 익산시 황등면 화강암로122-19	최계순 수도사
200.05.	월성산기도원		베다니요양원	경북 경주시 외동읍 구어공단1길 51-7	박점이 수도사
2007.01.15	사회복지법인 은천노인복지회	천장산기도원	정산노인복지센터	충남 청양군 정산면 천장호길69	강정남 수도사
2013.11.29	사회복지법인 킹스빌리지	천장산기도원	정산요양원	충남 청양군 정산면 천장호길69	강정남 수도사
			정산주야간보호센터	상 동	강정남 수도사
2008.07.30	본향원		본향원(노인요양원)	경북 김천시 조마면 금강로 804-271	이영순 수도사
2014.	용문산기도원		평화의 집	경북 김천시 어모면 용문산 551-25	김명숙 수도사
2011.06. 06	아산만기도원		은혜요양원	충남 아산시 영인면 월선서길 95-22	김길순 수도사
2006.05.11	사회복지법인 은천노인복지회	종곡산기도원	문경재가노인지원센터	경북 문경시 산북면 종곡길 94-16	김명옥 수도사 김미경 수도사
2009.01.31			문경주야간보호센터	상 동	김명옥 수도사 김미경 수도사
2010.01.02			문경 노인요양공동생활가정	상 동	김명옥 수도사 김미경 수도사
2008.10.	축복산기도원		안나사랑원	전북 임실군 삼계면 후천 1길 19	김복순 수도사 김종말 수도사

선 교 교 육 센 터				
2013.07	비전화야실선교센터	비전화야실선교센터	태국	최귀자 수도사
		태국국제신학교	태국	최귀자 수도사

사회복지기관 설립

사회복지법인 설립 및 노인복지시설 건립

사회복지법인 혜성원(유로요양원) 준공(1987. 07, 경남 양산시, 감림산기도원 운영)

은천노인복지회관(1997. 12. 30 준공)

은진 · 은천노인요양공동생활가정(2008. 05. 28 준공)

은천소규모요양센터(2008. 05. 27 준공)

은천노인종합복지센터(2014. 06. 26 준공)

사회복지기관 설립

사회복지법인 설립 및 노인복지시설 건립

상주노인복지센터 / 상주노인요양공동생활가정 / 상주노인요양원

엘림요양원(노인요양공동생활가정)

베다니요양원(노인요양공동생활가정)

사회복지기관 설립

사회복지법인 설립 및 노인복지시설 건립

정산노인복지센터 /정산노인요양원

본 향 원(노인요양시설)

평화의 집(노인요양공동생활가정)

사회복지기관 설립

사회복지법인 설립 및 노인복지시설 건립

은혜요양원(노인요양공동생활가정)

문경제가노인복지센터 / 문경 주 · 야간보호센터 / 문경노인요양공동생활가정

안나사랑원(노인요양공동생활가정)

교육사업

기드온신학교 교사(설립 당시~1980년 초까지 사용)

기드온선교대학원대학

성경강의(유영숙 수도사)

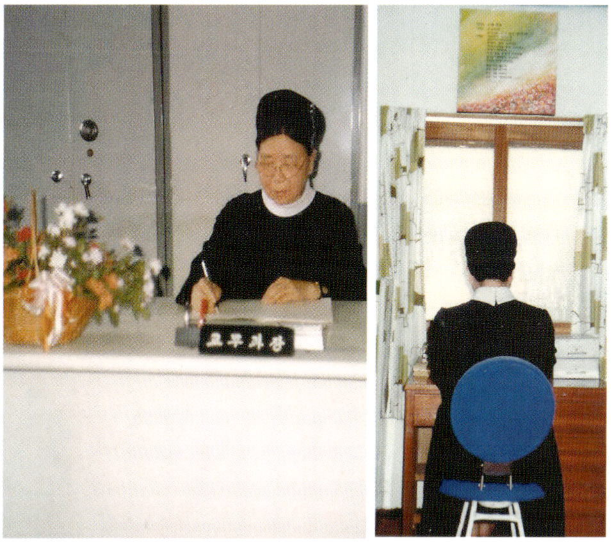

학교 행정업무 중(유영사 수도사)

교육사업

여자성경학교 1학년 기숙사(마리아료)

↑ 여자성경학교 3학년 기숙사(에스더료)

← 여자성경학교 2학년 기숙사(마르다료)

고등성경학교 교장 취임(김상화 수도사)

교육사업

기드온신학교 제4회 졸업 기념

기드온신학교 제33회 졸업식 학사보고(유영숙 수도사)

기드온 신학교 동문회 기념

용문산고등성경학교 21회 · 22회 졸업 기념

교육사업

스승 나운몽 목사 기념관 개관 컷팅식

교육사업

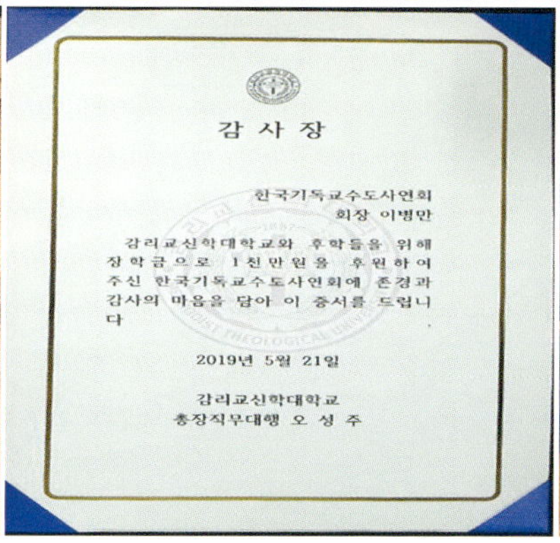

감 사 장

한국기독교수도사연회
회장 이병만

감리교신학대학교와 후학들을 위해 장학금으로 1천만원을 후원하여 주신 한국기독교수도사연회에 존경과 감사의 마음을 담아 이 증서를 드립니다

2019년 5월 21일

감리교신학대학교
총장직무대행 오 성 주

기독교 대한감리회 감리교 신학대학교에 장학금 전달 (수도사 연회)

◆ 목적 : 용문산기도원 구국제단과 수도원의 역사성에 관한 연구기금으로 사용할 것

교육사업

학술 및 출판세미나

용문산기도원에 관한
제2회 학술세미나
– 용문산기도원의 역사적 가치와 계승 –

- 개회예배 설교 : 김진두 목사(감리교신학대학교 총장)
- 제1발제: 남성현 교수(서울한영대학교)
  논평 – 이은제 교수(감리교신학대학교)
- 제2발제: 정시춘 교수(정주건축 대표)
  논평 – 박해정 교수(감리교신학대학교)

교육사업

학술 및 출판세미나

수도사 저서 모음

기드온신학교 성경교재 (저자 : 유영숙 수도사)

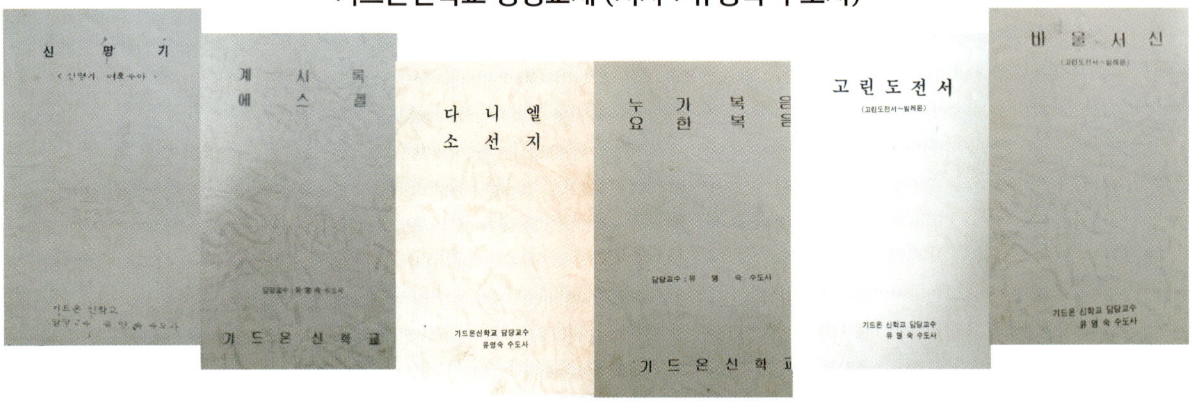

기드온신학교 성경교재 (저자 : 최태희 수도사)

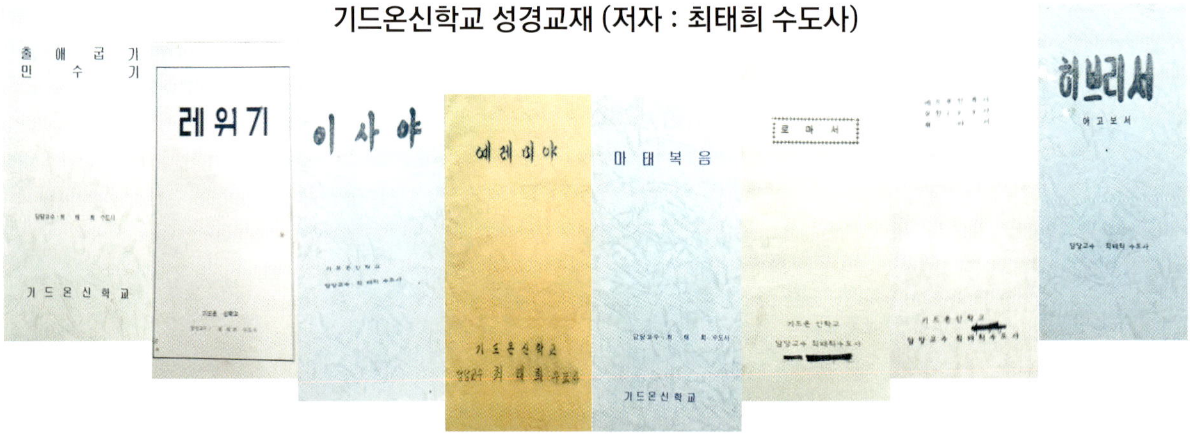

이정자 수도사(설교집(10권), 예화집(3권) 자필 기록 묶음)

이병만 수도사(은천노인복지회 발간 저서)

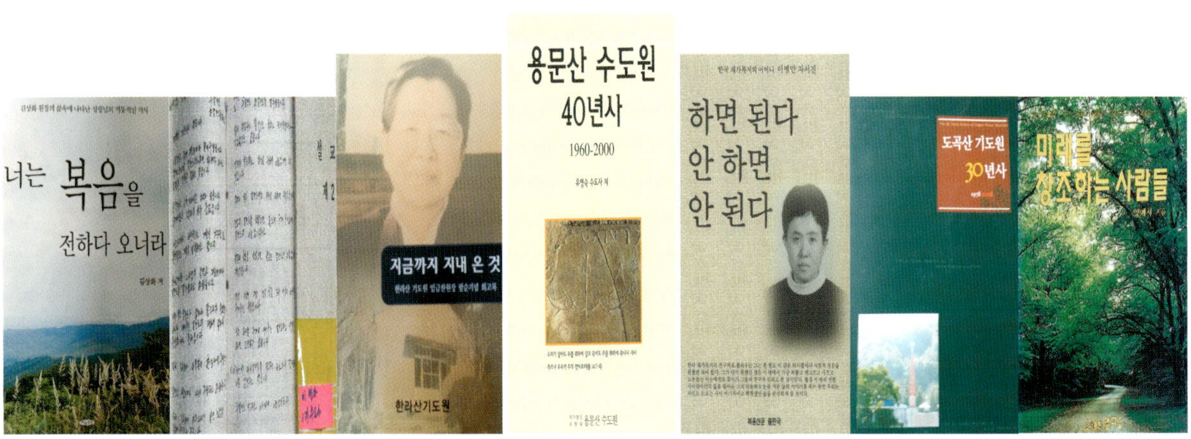

김상화 수도사 (간증록)	이정자 수도사 (설교집)	임금찬 수도사 (회고록)	유영숙 수도사 (수도원 40년사)	이병만 수도사 (자서전)	양예자 수도사 (기도원사)	양예자 수도사 (설교집)

선교활동

미국 선교활동(유영숙 수도사 외 5기 수도사)

나성산기도원 방문기념

공원 피켓전도

나성산기도원 33주년 기념성회

나성산기도원 성회기념

일본 선교활동(유영숙 수도사 외 11기 수도사)

삿포로장로교회 주일설교

주일예배 후 어린이 성가대와 함께

오사카 한국인 양로원 방문

일본선교활동 기념

동경천엽지역 진의교회 설교

선교활동

중국 · 대만 선교활동(유영숙 수도사 외 11기 수도사)

대만 달관교회 설교

대만 벧엘기도원 성회기념

백두산기도원 개원예배

백두산기도원 개원예배 기념

태국 선교활동(최귀자 수도사)

국제신학교 졸업 기념(2016. 11)

국제신학교(2017. 03)

태국교회 목회자 대회 기념(2016)

국제신학교 학생 전원(2017)

5부

복음사역

삼겹줄 전도

- 문서전도
- 기도전도
- 구설전도

기도원 순회

- 1차 기도원 순회
- 2차 기도원 순회

구국운동

- 구국기도제단
- 북진데모

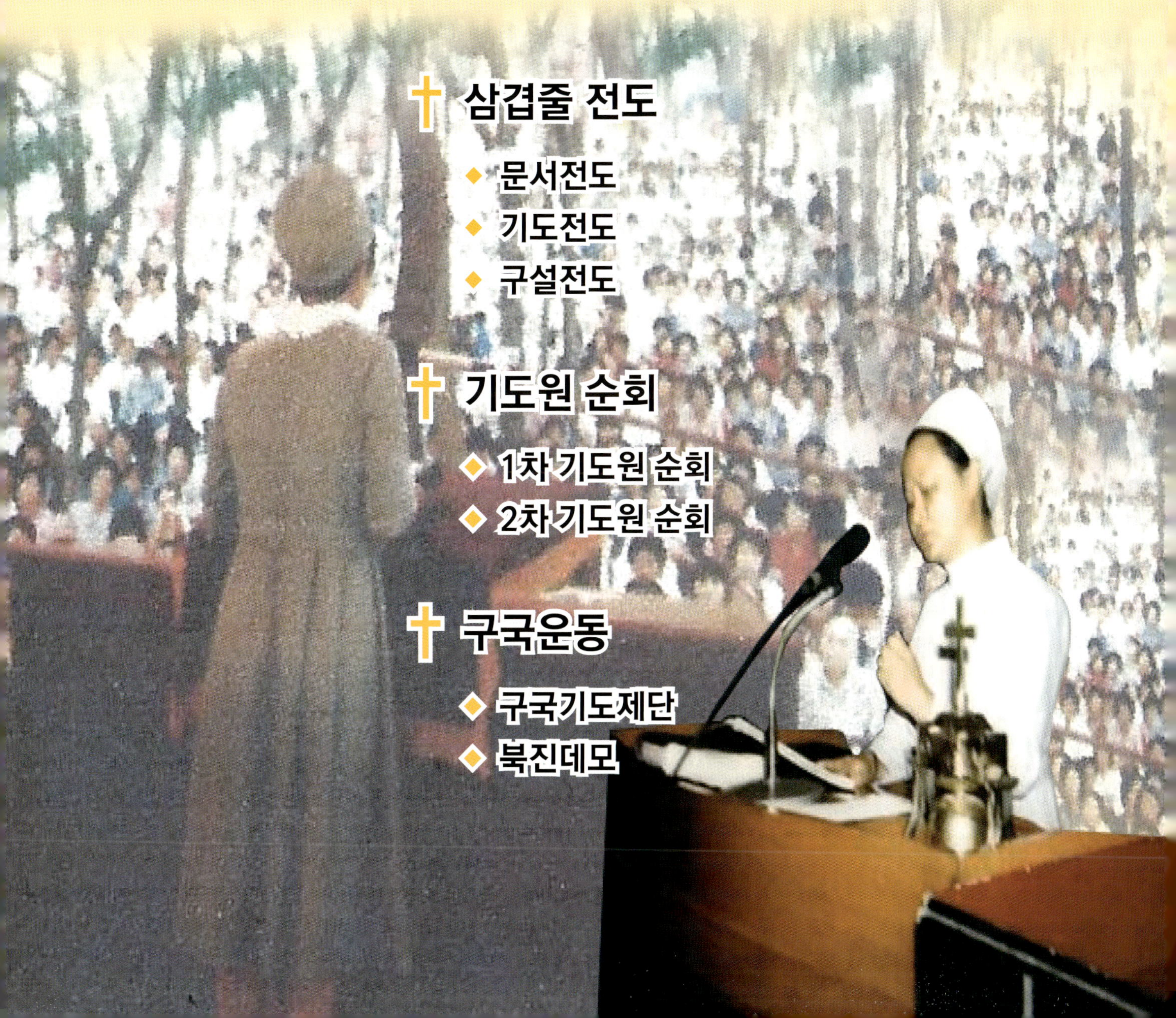

삼겹줄 전도

문서전도:글을 통해서 전한다.

복음일보 창간

민족 복음화를 통한 복음나라 건설을 목적한 초교파지로 한국 최초의 기독교 일간지인 복음일보가 종로2가 장안빌딩에 본사를 두고 60년 10월 1일 창간되었다. 그후 격변기를 지내오는 동안 3번의 폐간조치를 맞이하면서도 문서전도의 막중한 사명을 위해 7전8기하여 현재의 복음신문에 이르기까지 30여년간 '성경으로 과거를 해명하고 현재를 인도하며 미래를 예언한다'는 사시의 변함없이 줄곧 달음질쳐온 '복음'의 신문이다.

기독교계 최초의 일간지 복음일보 제1호(60. 10. 1)

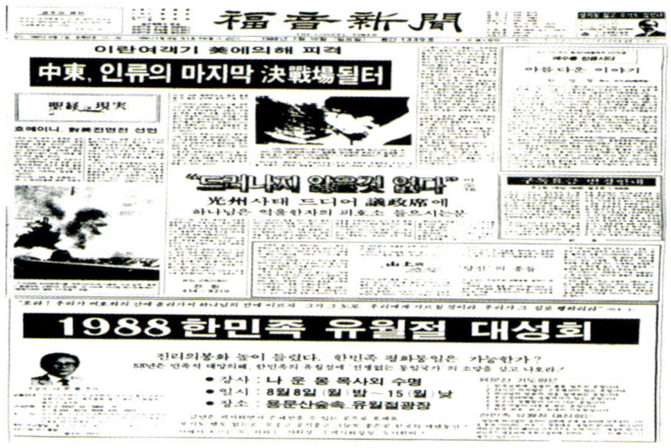

삼겹줄 전도

문서전도:글을 통해서 전한다.

김상화 수도사
(간증집)

임금찬 수도사
(회고록)

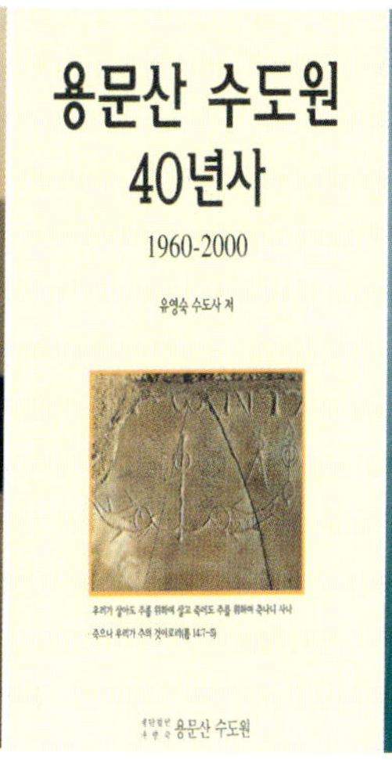

유영숙 수도사
(수도원 40년사)

양예자 수도사
(기도원30년사)

양예자 수도사
(설교집)

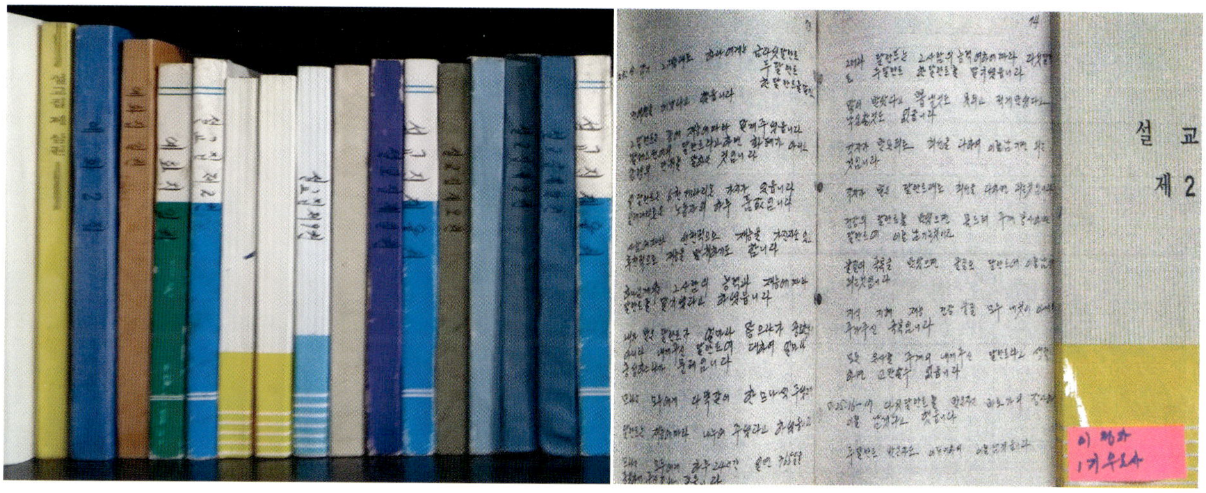

이정자 수도사(설교집(10권), 예화집(3권) 자필 기록 묶음)

이병만 수도사(은천노인복지회 발간 저서)

삼겹줄 전도

구설전도:말을 통해서 전한다.

길거리 노방전도

삼겹줄 전도

제주도 전도길에서

제주도 전도길(공항에서)

제주도 전도길에서 휴식중

삼겹줄 전도

전도집회

심령대부흥회
봉화 기도원
1969. 12-9.
강사 김상화

팔복산 기도원 제8회

심령부흥회 기념 평복교회
1963.9.15.

대부흥회

삼겹줄 전도

삼겹줄 전도

기도원 순방

1차 기도원 순회 (1969. 06. 12. 10:30)

- 목　적 : 노방전도와 기도원 순방
- 단　장 : 이경숙 수도사
- 부단장 : 임금찬 수도생
- 동　행 : 용문산 기도원장 : 나운몽 목사　김선혜 사모

낙동강 기도원 박연님 수도사　서　울 기도원 이경숙 수도사　비파산 기도원 정해주 수도사
압복강 기도원 임명숙 수도사　감림산 기도원 이옥란 수도사　한라산 기도원 임금찬 수도생
서　해 기도원 박연창 수도생　광　평 기도원 민명규 수도생　계명현 기도원 이병만 수도생

낙동강기도원

설립자
박연님 수도사

경북 상주

서울기도원

설립자
이경숙 수도사

서울 동대문구

비파산기도원

설립자
정해주 수도사

경북 청도

기도원 순방

압복강기도원

설립자
임명숙 수도사

경기도 파주

감림산기도원

설립자
이옥란 수도사

경남 양산

한라산기도원

설립자
임금찬 수도생

제주도

서해기도원

설립자
박연창 수도생

충남 서천

기도원 순방

광평기도원

설립자
민명규 수도생

충북 영동

계명현기도원

설립자
이병만 수도생

경기도 여주

내속리기도원

설립자 : 미상

여천기도원

설립자 : 미상

기도원 순방

백운산기도원

설립자 : 미상

충북 제천

제천기도원

설립자 : 미상

충북 제천

봉화산기도원

설립자 : 미상

일출봉기도원

설립자
조질구 전도사
김달순 전도사

기도원 순방

2차 기도원 순회 (1974. 03. 25~1988)

- 목 적 : 기도원 순회
- 단 장 : 유영숙 수도사
- 동 행 : 기드온신학교 교수 및 신학생들

흰돌산기도원

설립자
서인애 수도사

경기도 수원

소백산기도원

설립자
김외탁 수도사

경북 영주

월성산기도원

설립자
박점이 수도사

경북 경주

기도원 순방

울산기도원

설립자
양성은 수도사

경남 울산

안성산기도원

설립자
한정희 수도사

경기도 안성

응답산기도원

설립자
이연우 수도사

강원도 홍천

아산만기도원

설립자
김길순 수도사

충남 아산

기도원 순방

옥전산기도원

설립자
이경자 수도사

충북 제천

팔당산기도원

설립자
장은실 수도사

경기도 양평

용문산기도원 대성전

설립자 나운몽 목사

경북 김천

구국운동

구 국 기 도 제 단

설립자 : 나운몽 목사 설립일 : 1963년 4월 30일

구국제단 오르는 도로 포장(2016년 김천시 지원)

구국기도자 대기실

구국제단 관리자 숙소

구국운동

① 설립 당시 구국기도제단
←(1963년 4월 30일)
정(鋌)을 대지않은 자연석으로 돌단(壇)을 쌓았다.

② 지붕없는 구국기도제단
설립 당시에는 구국제단 지붕이 없어 40여 년 동안 365일 눈 · 비를 맞으며 기도했다.

③ 지붕을 덮은 구국기도제단
40여 년 동안 지붕 없는 구국제단에 현재는 지붕을 덮어 눈비를 피할 수 있다.

③ 정면에서 바라본 구국제단
④ 뒷면에서 바라본 구국제단

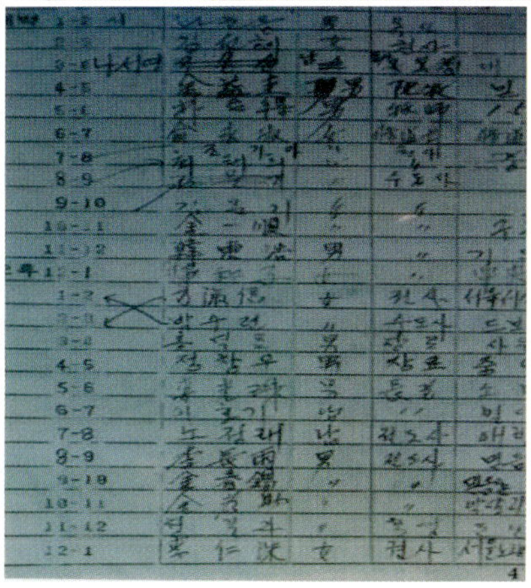

1일 기도자 방명록(24명)

구국기도자 방명록(40점)

구국기도명단 재 정리(2017. 7)

구국운동

구국기도 교대하는 모습

구국제단 안으로 들어가는 모습

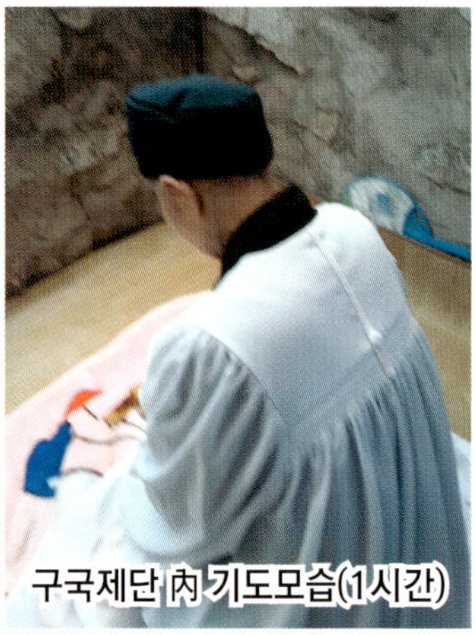

구국제단 內 기도모습(1시간)

20만 시간 기념예배를 마치고(1985년 2월)

구국기도집회 강단(조규남 권사 헌금)

구국집회(구국제단)

울릉도기도원 구국제단

울릉도 구국제단을 세우고 기도하고 있는 강애자 수도사

수도사들은 기도원을 개척하면 반드시 구국제단을 세우고 끊임없이 구국기도를 하고 있다.

구국운동

북 진 데 모

미헌병대의 저지를 뚫고 판문점을 향해 전진

"2.7 북진데모 사건"

1968년 1월 23일, 미국의 정보함 '푸에블로호' 납치사건이 발생했다. 이로 인해 한국을 배제한 북 · 미간 비밀회담이 열리고 있었다. 용문산 산 중에서 기도와 말씀으로 무장하고 복음전파에만 전념하던 용문산 십자군 용사들이 일시에 폭발하였다. 남북통일을 염원하며 애국심으로 불타오르던 수도생, 수도사, 기드온 신학생 300명과 일반성도 100명이 머리에는 "멸악통일" 두건을 두르고, "우리는 십자가 군병이로다." 찬송을 부르며 판문점을 향해 거침없이 돌진하여 자유의 다리에서 미군과 대치하였다.

"한국에도 피가 있다"

"임진강아! 대답하라, 누가 이길 막았느냐?"

"한국은 살아 있다. 비밀회담 걷어 치라"

"청년들아 일어나라, 3 · 1혼이 통곡한다."

"한국 땅에서 한국 몰래 비밀회담 웬 말이냐? 등 목 메인 절규로 구호를 외치며, 탱크와 소총과 맹견들로 무장한 미군의 저지선을 뚫고 자유의 다리를 건넜다.

판문점을 향해 필사의 질주(임진강 다리)

1968년 2.7 데모사건은 북 · 미 간 비밀회담을 반대하는 약소민족의 저항정신으로 표출된 비무장 비폭력 행동으로 항거했던 뜨거운 애국애족의 잊을 수 없는 역사적 사건으로 당시 국내뿐 아니라 외신까지도 플래카드의 내용을 제목으로 뽑아 대서특필 되고, 존슨대통령 특사가 내한하여 한국의 "안보를 보장한다." "군사비 1억불을 원조하겠다."는 역사적 사건을 만들어낸 용문산 기드온 십자군의 위대한 저항운동이었다.

첫 관문 자유의 다리를 뚫고 판문점을 향해 전진

구국운동

① 무장한 미헌병들과 대치 중 구호를 외치는 대원들

② 미헌병들 저지선을 뚫고 자유의 다리 진입하여 전진

③ 미헌병에 포위되어 자유의 다리 진입 좌절(2진)

④ 포위된 기드온 용사들의 통곡의 기도

⑤ 미군의 무차별 저지로 부상당한 수도생

⑥ 부상당한 학생, 수도생 다수 발생

⑦ 북진데모 실패 후 압복강기도원 설립

6부

용문산수도원 약사

용문산수도원 약사

1. 용문산 수도원의 기원

용문산 수도원은 한국개신교회 최초의 수도원이다.

한국 기도원 운동의 모태가 된 용문산 기도원 원장 나운몽 목사님께서 1960년 5월 10일 용문산 기도원(內)에 설립하였다. 설립과 동시에 남자 2명, 여자 14명이 하나님과 수 천 명의 성도들 앞에서 수도 입도식을 치르고 1기 수도생 16명이 수도수련을 시작하였다.

이로부터 40여 년 동안 매 3년마다 수도입도식이 있었으나 1996년 3월 3일 12기 수도생 2명의(여자) 입도식이 마지막으로 현재까지 더 이상 지원자가 없다. 1965년 10월 1일 첫 수도사가 탄생하였다. 이후 7년간의 수도수련 과정을 끝까지 마친 여자 수도생 9명이 1967년 4월 1일 수도사 안수를 받아 1기 수도사 10명이 탄생하였다. 이로부터 40년 후 2006년 4월 3일 3명 마지막으로 수도사 안수를 받았다. 용문산 수도원 설립 이래 12기까지 122명의 수도생이 입도하여 86명이 수도사 안수를 받았다. 현재까지 15명의 수도사가 소천하고, 71명이 현역에 종사하고 있으며 2019년 5월 10일 수도원 창설 60돌을 맞았다.

2. 수도사의 사역

용문산 수도원의 목표는 철저한 복음주의에 기반하고 있으며 "엎드려 기도하고 일어나 전도하자"는 전도정신과 구국적 사명의식에서 출발하였다. 수도자에게 요구되는 "청빈, 정결, 순명, 겸손"을 수도정신으로 삼고 오로지 기도와 독경, 묵상과 근로를 중심으로 정해진 규율과 규칙에 따라 5년 동안 수도수련을 한다. 5년간의 수도수련을 마치면 각자의 소명에 따라 "전도, 교육, 봉사"의 길에서 수도자의 삶을 살아간다.

1) 수도사들의 전도활동

수도사들의 전도활동은 기도원 개척운동에서 출발한다. 수도사가 설립한 최초의 기도원은 울릉도 기도원이다(1964. 4 강애자 수도사). 1960년대 후반(67, 68년) 1, 2기 수도사들이 본격적으로 기도원 개척에 나서 전국 12개 지역에 설립하였다. 1970년대는 3-5기 수도사들이 전국 15개 지역, 1980년대는 6-8기 수도사들이 전국적으로 23개 지역, 미국 3개 지역에(워싱턴, LA, 시애틀) 설립하여 해외까지 확장하였다. 1990년대는 9-11기 수도사들이 7개 지역에 기도원을 개척하였고, 첫 기도원 설립 후 40여 년 동안 전국적으로 69개 지역에 기도원을 설립하였다. 2002년 밀알산 기도원 설립이(거제, 한상란 11기) 수도사가 세운 마지막 기도원이 되었다.

2) 수도사들의 교육활동

교육기관으로는 기드온신학교와 고등성경학교가 있었다. 유영숙(1기), 최태희(1기), 김문기(3기), 박수련(5기), 한동호(5기), 정화자(5기) 수도사는 후학 양성에 봉직하였다. 1960년대 1-2기 수도사들은 기도원 개척과 동시에 고등공민학교를(임명숙, 이병만 수도사) 세워 교육사업을 통한 전도활동도 병행하였다. 2019년 현재는 기드온신학교 지원자가 없어 후학양성이 중단되었으나 최귀자 수도사가(5기) 태국에서 선교센터와 국제신학교를 설립하여 세계선교를 향한 선교사를 양성하고 있다.

3) 수도사들의 봉사활동

2000년대 들어 기도원 운동이 쇠퇴하면서 수도사들의 사회복지활동이 활발해졌다. 이병만 수도사(2기)는 서울 동대문지역에 은천노인상담소를 설립하여(1986. 10) 한국 최초로 재가노인복지사업을 실시하였다. 사회복지법인 은천복지재단을 설립하여(1993. 4) 34년 동안 노인복지사업에 헌신해 왔다. 주간보호사업과 가정봉사원파견사업은 한국 최초로 은천복지재단에서 실시하였다는 사실이 보건복지부 재가노인복지사업 연혁에 기록되어 있다.

이 외에 이옥란 수도사(1기)가 사회복지법인 혜성복지원을 설립하였고(1987. 7), 강정남 수도사가(8기) 2006년부터 재가노인복지사업을 시작하여 사회복지법인 킹스빌리지를 설립하였다(2013. 11). 이금자(5기), 최계순(6기), 김명옥(9기), 김미경 수도사(10기)가 사회복지법인 은천노인복지회 분원을 설치하여 노인복지사업을 수행하고 있다. 박점이(6기), 이영순(8기), 김길순(8기), 김복순(9기), 김종말(11기), 이옥경(11기) 수도사가 노인장기요양기관을 설립하였고, 김명숙(8기) 수도사는 사회복지법인 애향원(아동복지원)에서 아동양육에 헌신하였다. 김일순(4기), 육상임(11기) 수도사는 용문산 기도원내 구국기도제단에서 봉사해오고 있다.

3. 다시 세운 수도원

용문산 수도원은 수도사들의 영적 고향이다. 수도원에서 수도수련을 마치고 전국 각처의 사역지로 떠나 길게는 50년 짧게는 20년 동안 복음전도를 위해 오롯이 바쳐졌다. 23년 전 1996년 3월 3일 12기 수도생 입도식을 마지막으로 수도실 문이 닫혔다. 수도원감으로 일생을 후배 수도사들 양성에 헌신해온 유영숙 원감이 소천하고(2006. 9. 23) 현재는 현순이 수도사가(8기) 수도원을 관리하고 있다. 23년 동안 주인 잃은 건물은 사용할 수 없을 만큼 퇴락하였다. 수도원의 맥이 끊기는 것이 안타까워 수도원 재건에 뜻을 모았다. 2015년 11월 대대적인 수도원 복원공사를 시작하여 2016년 말끔하게 완성하였다. 용문산 수도원 60년 역사를 한 눈에 볼 수 있는 수도원 역사박물관도 개관하였다. 2017년 4월 전국의 수도사들이 다시 복원된 수도원에서 24차 수도사 연회 모임을 갖고 향후 수도원을 어떻게 활용할 것인가? 의 물음에 영성훈련장소로 활용하기로 뜻을 모았다. 지난 60여 년 동안 초교파로 남았던 용문산 기도원이 재단법인 기독교대한감리회 유지재단에 기증되었다. 수도원도 감리교회 유지재단에 편입된 만큼 감리교 신학생들의 영성훈련장으로 제공하기로 뜻을 모았다. 이를 위해 수도사회에서는 장학기금을 마련하여 감리교 신학대학교에 전달하였다. 개신교 수도원 운동에 동참하여 과거 한국교회의 영성이 회복되는 미래를 소망하며 새로운 세대가 출현하는데 기초가 되도록 장학금 기증은 지속적으로 이루어질 것이다.

지난 60여 년 간 용문산 기도원 운동의 동력이 되었던 용문산 수도원의 문이 다시 열리고 개신교 수도원 운동의 동력이 살아나기를 간절히 기도한다.

수도사 안수 서약서

서 약 서

(12기 수도생 서약서)

원 장 : 그리스도의 뜻과 말씀을 받들고 주께서 주신 권위로서 수도사 예비생으로 연단받은 12기 수도생들은 다음 물음에 서약 할 수 있습니까?

서약자 : 예, 서약합니다.

원 장 : 12기 수도생은 신구약 성경을 하나님의 말씀으로써 우리의 신앙과 행위에 대하여 정확 무오한 유일의 법칙임을 믿고 성경대로 살기로 서약합니까?

서약자 : 예, 서약합니다.

원 장 : 우리교회는 오순절 역사가 진실임을 믿고 그대로 순종하고 그 성령에 나타남과 능력으로 전도해야 할 것을 서약합니까?

서약자 : 예, 서약합니다.

원 장 : 주께서 너희가 내 말에 거하면 내 제자가 되고 진리를 알지니 진리가 너희를 자유케 하리라. 고 하신 주님의 말씀을 그대로 믿고 행할 것을 서약 합니까?

서약자 : 예, 서약합니다.

원 장 : 주께서 주신 능력을 굳게 잡고 면류관을 빼앗기지 않도록 주의 이름을 배반치 않으면 그리스도 안에 있는 새로운 피조물이 될 것을 서약합니까?

서약자 : 예, 서약합니다.

이상, 어떤 간계나 이설이 요동을 시킬지라도 절대로 요동되지 않을 것을 굳게 서약합니다.

2006년 4월 3일

수도사 안수식 순서지

수도사 안수식

주님 가신 형극의 길을 따라가오리다.

■ 일시 : 2006년 4월 3일 오전 11시
■ 장소 : 용문산 기도원 대성전

안수받는 수도사

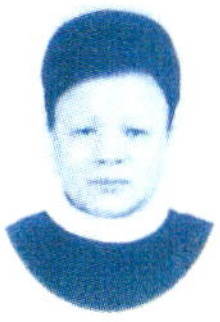

정경자 수도사

고봉순 수도사

이해순 수도사

인사말씀

부족한 저희들을 택해 세우시사 오늘이 있게 하신 하나님께 감사하오며 저희들을 오늘날까지 보살펴 키워주신 스승님과 이끌어 주신 선배님들께 감사합니다.

그리고 배후에서 기도해 주시며 도와주신 여러 교우님들 이처럼 찾아오셔서 축하해 주시니 감사하오며 만복하시기를 기원합니다 - 아멘 -

2006년 4월 3일

안수받는 수도사 일동

주님앞에 서약한 몸

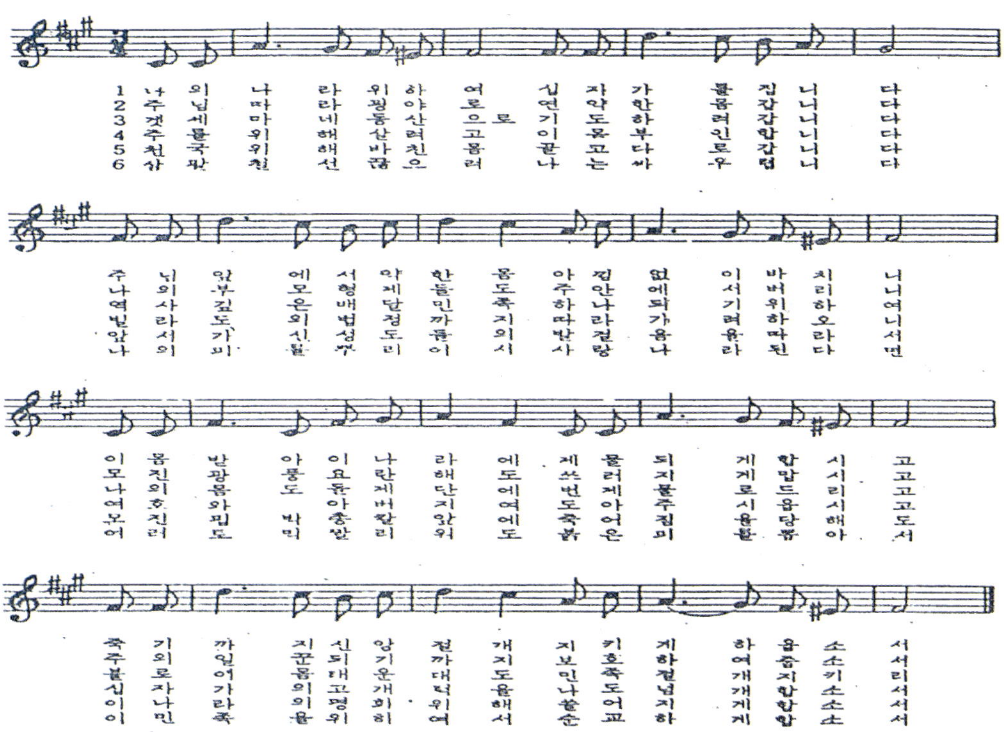

이 나라의 평화위해 쓰러지게 하소서
이 민족을 위하여 순교하게 하소서

수도사 증명서

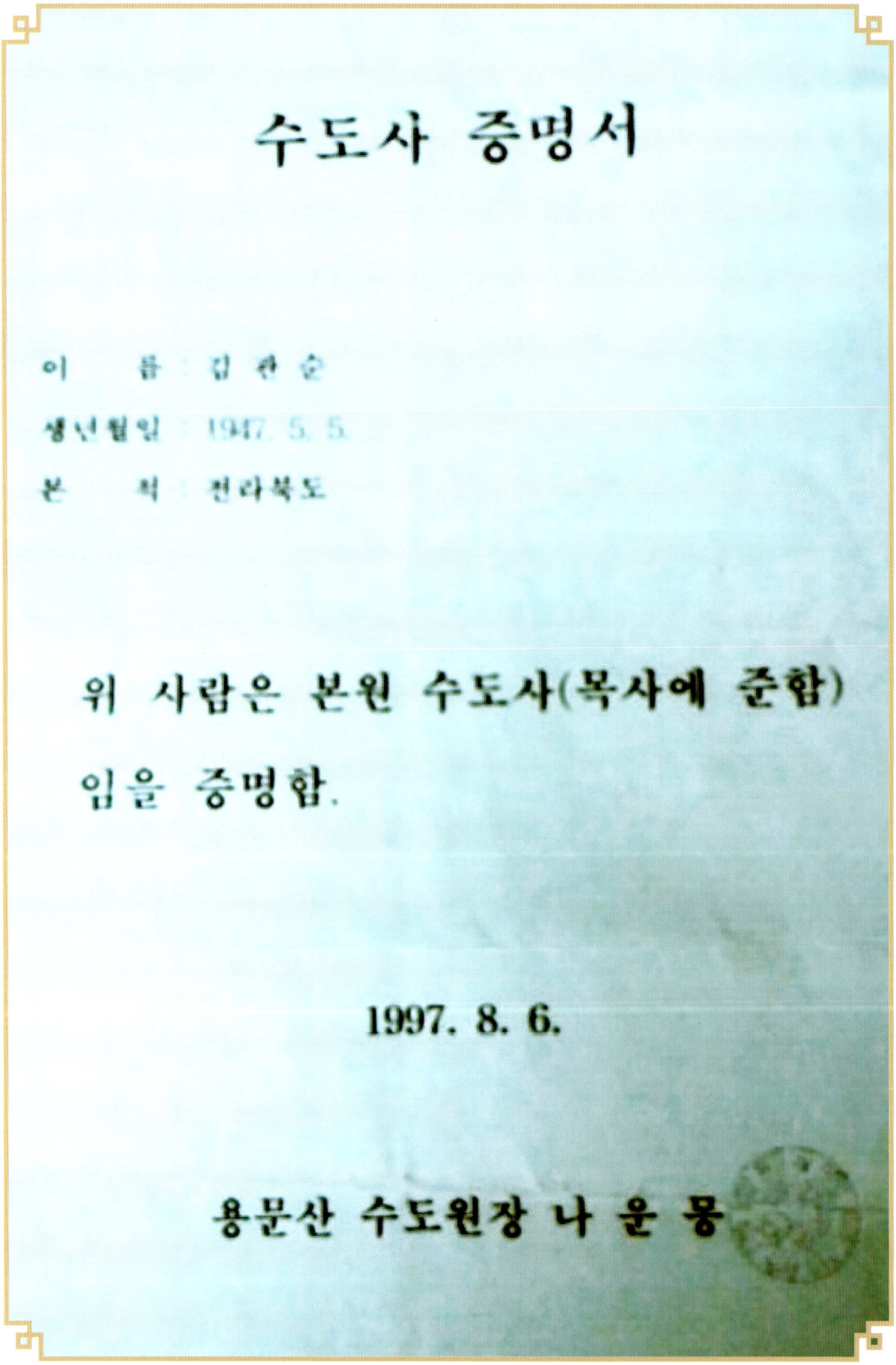

수도사 증명서

이　　름 : 김 관 순

생년월일 : 1947. 5. 5.

본　　적 : 전라북도

위 사람은 본원 수도사(목사에 준함)

임을 증명함.

1997. 8. 6.

용문산 수도원장 나 운 몽

입도자 및 수도사 명단

수도 입도생 및 수도사 안수자

수도 입도자				수도사 안수자			
기 수	연 도	남자	여자	기 수	연 도	남자	여자
1	1960. 05. 10	2	14	1	1965. 10. 01		1
					1967. 08. 19		9
2	1962. 08. 19		12	2	1970. 04. 01		6
3	1967. 08. 19	1	9	3	1975. 08. 21		5
4	1970. 04. 01	1	6	4	1981. 04. 27		4
5	1972. 11. 01	2	18	5	1984. 03. 27	1	14
6	1976. 03. 06	3	9	6	1986. 05. 20		8
7	1978. 09. 09		15	7	1990. 09. 07		10
8	1982. 03. 03		12	8	1994. 03. 02		8
9	1985. 03. 04		10	9	1997. 03. 22		7
10	1988. 03. 07		7	10	2000. 09. 19		6
11	1991. 03. 04		8	11	2003. 04. 02		5
12	1996. 03. 03		2	12	2006. 04. 03		3
合		9	122			1	86

1960년 5월 10일 1기 수도생 입도식 이래 46년 동안 12기까지 남성 9명, 여성 122명의 동남동녀가 주님과 수천명의 성도들 앞에서 수도 서약을 하였다. 엄격한 수도원 규율에 따라 수도수련을 마쳤으나 수도사의 면류관을 모두 받아 쓴 것은 아니다.

남성 수도생 9명 중 1명이 수도사 안수를 받아 현직에 있으며 여성 수도생 122명 중 86명이 "수도사"라는 가시면류관을 받아쓰고 일생을 예수그리스도의 삶을 따라 구도자의 길을 걷고 있다.

현재는 86명의 수도사 중 15명이 이 땅에서 모든 사역을 마치고 하나님의 부르심을 받아 천국에 입성하였다. 남은 자로써 71명의 수도사들이 각자의 사역지에서 하나님 나라를 선포하며 맡겨준 사명을 수행하고 있다.

입도자 및 수도사 명단

수도사 안수자

기수	수도사 명단
1기	김상화 박연님 유영숙 최태희 정혜주 이경숙 임명숙 이정자 이옥란
2기	강애자 임금찬 박연창 민명은 김필교 문정애 이병만
3기	안용님 박분태 김문기 서인애 김외탁
4기	임영이 박승자 김용자 김일순
5기	이연우 한동호 이금자 정화자 양예자 박수련 오용자 김순자 유정순 장은실 최귀자 한정희 이경자 임연임 노애숙
6기	양성은 유은숙 김분출 김순희 최계순 박화자 목화자 박점이
7기	이창연 방옥석 김관순 이정숙 홍금표 박사순 이경선 박종숙 김선이 박경숙
8기	장은순 김명숙 조순여 현순이 이용신 강정남 이영순 김길순
9기	신인숙 최기순 송윤희 김명옥 남경희 김복순 정선화
10기	이미순 정선희 김순자 김미경 여영희 백혜진
11기	고병갑 육상임 김종말 한상란 이옥경
12기	정경자 고봉순 이해순

지난 60년 동안 용문산수도원은 86명의 수도사들을 배출하였다.

수도원의 사명에 따라 기도원 분원 개척, 교육사업, 사회복지사업과 선교사역의 현장에서 오롯이 묵묵하게 헌신해 왔다.

한국 기독교 135년의 역사 속에서 용문산수도원 수도사들도 60년여 간 전국 각지에 흩어져 기도원을 개척하였음은 한국 기독교 기도원 역사의 기원을 여는데 기여하였다. 한국 복음화를 위하여 분단된 조국의 남북통일을 위하여 끊임없는 구국기도의 제물로 헌신되어 왔다.

지난 60년 동안 용문산수도원 수도사들이 주님께 바쳐졌던 헌신의 삶을 모두 기록할 수는 없으나 남겨진 한 장 한 장의 사진 속에는 수도사들이 걸어온 일생의 삶이 오롯이 녹아있다. 이 기록을 보는 모든 이들에게 은혜의 간증으로 남겨지기 바라며, 용문산수도원 60년 사진 기록을 통해 수도사들의 십자가 정신을 신앙의 유산으로 남기고자 한다.

수도사 연회 임원명단

횟수 / 조직	제1대 94.05.19 용문산수도원	제2대 98.03.25 대구기도원	제3대 01.04.23-24 충남산기도원	제4대 05.04.06-08 낙동강기도원	제5대 09.10.15-17 곤지암기도원	제6대 13.4.10-12 수양산기도원	제7대 16.03.30-04.24 수도산기도원	제8대 16.04.24-현재 수도산기도원
연 회 장	이정자	이정자	이정자	이정자	박분태	박승자	김외탁	오용자
총 무	안용임	안용임	박승자	박승자	오용자	양예자	오용자	한정희
서 기	오용자	오용자	한정희	오용자	박사순	한정희	한동호	한동호
부 서 기					김미경			
회 계	방옥석	방옥석	안용임	안용임	최계순	장은실	최계순	박사순
부 회 계			노애숙	박화자	김복순	박경숙	김미경	
의료회계							목화자	목화자
구 제 비							박점이	한정희
감 사			이병만	이병만	안용임	박분태		
			박분태	박분태		박점이		
실행위원 각회장단 지방장 외 5명	김상화	김상화	유영숙	유영숙	이정자	회 장 단		
	유영숙	유영숙	정혜주	정혜주	이옥란	증경회장		
	정혜주	정혜주	이옥란	김상화	정혜주	지방장들		
	이옥란	이옥란	김필교	김필교	안용임			
	김외탁		문정애	문정애	박승자			
각국국장								
총무국장	안용임	안용임	박승자		오용자	오용자		
선교국장	이옥란	서인애		양애자	이옥란	이옥란		
교육국장	정화자	정화자						
사회국장	이병만	이병만	이병만	이병만	이병만	이병만		
재정국장	박분태	박분태	안용임	박분태	박화자	박화자		
경조국장	문정애	문정애	임연님	임연님	양예자	양예자		
지 방 장								
경원지방	김용자	김용자			장은실	목화자	한정희	박경숙
영남지방	박분태	박분태			김외탁	이금자	이금자	이금자
경북지방	김문기	김문기						
충청지방	임영이	임영이			김은경	양예자	김관순	김관순
전라지방	박승자	박승자			박승자	오용자	방옥석	최계순
각국상임위원장								
헌 법	유영숙	유영숙			이정자	이정자		
재 정	박분태	박분태			김외탁	김외탁		
교 육	정화자	최귀자			오용자	오용자		
재 판	김상화	김상화			김상화	김상화		
경 조 부	문정애	문정애			임연임	임연임		
선 교	서인애	이옥란			이옥란	이옥란		
사 회 부	이병만	이병만			이병만	이병만		
건 의	안용임	안용임			안용임	안용임		
선 거	박승자	박승자			박승자			

수도원 연혁

1956.	현 수도원 자리에 1956년도 흙벽들로 건축된 방 10칸의 건물이 존재했다. 1960년 5월 10일 수도원이 설립되고 당시 현존하고 있던 건물에서 1기 수도생들의 수도수련이 시작되었다. 토요일 근로시간에 1기 수도생들이 수도실로 사용하던 건축물을 증축하였다.
1960. 05. 10	용문산수도원 설립과 동시 제1기 수도생 입도식 거행(14명)
1961. 02. 05	복음일보 지국 설치 위해 수도생 1명씩 각 시에 파송
1962. 07.	제1차 하기 전국 순회 집회 인도(수도생 전원)
1962. 08. 19	제2기생 입도식 거행(12명)
1963. 07.	전국 시 · 도 집회 인도(강사로 수도생 3명씩 편성)
1964. 03.	수도원 제1대 사감 발령(유영숙 수도생)
1964. 04.	울릉도기도원 설립(제1기 강애자 수도생)
1965. 10. 01	제1기 박연임 수도사 안수식 거행
1965. 10. 02	수도원 제 2대 사감 발령(제1기 박연임 수도사)
1966. 04. 13	충남기도원 설립(제1기 강애자 수도생)
1966. 07.	하기 전국 순회 집회 인도(수도생 전원)
1967. 01.	제2기 입도 5년 후 분원 설치 시작
1967. 04. 01	제1기 수도사 안수식 거행(9명 → 1기 8명, 2기 강애자)
1967.	동해기도원 발령 (제2기 김필교 수도사)
1967.	서해기도원 발령 (제2기 박연창 수도사)
1967.	광평기도원 발령 (제2기 민명은 수도사)
1967.	산수리기도원 발령(제2기 문정애 수도사)
1967. 08. 21	수도원 제3대 사감 발령(제1기 유영숙 수도사)
1967. 10.	낙동강기도원 설립(제1기 박연님 수도사)
1967. 10. 12	계명현기도원 발령(제2기 이병만 수도사 이창년 전도사 실습)
1967. 08. 19	제3기 수도생 입도식 거행(10명 → 남자 1명, 여자 9명)
1968. 02. 07	수도생 전원 2.7데모 참가
1968. 05.	수도원 기도실 건축
1968. 05.	압복강기도원 설립(제1기 임명숙 수도사)
1968. 06.	서울기도원 설립(제1기 이경숙 수도사)
1968. 08. 17	감림산기도원 설립(제1기 이옥란 수도사)
1968. 10. 27	한라산기도원 설립(제2기 임금찬 수도사)
1968.	제2기 이정숙 수도생 소천

1969. 04.	제1 수도관사 건축(정삼례 권사 후원)
1969. 05.	수도생 분원 순방과 노방 전도(수도원장님과 사모님, 수도원감, 각 분원 원장 수도사)
1969. 12.	감림산기도원 본관 건물 준공(제1기 이옥란 수도사)
1970. 04. 01	제4기 수도생 입도식 거행(7명 → 남자 1명, 여자 6명)
1970. 09.	영도기도원 설립(제1기 박연님 수도사)
1970. 12. 05	계명현기도원 성전 헌당 예배
1971. 01. 01	수도원 원감 발령(제1기 유영숙 수도사)
1971. 04. 30	대구산기도원 설립(제1기 이정자 수도사)
1971. 07.	수도원장님과 수도생 4명 릴레이 집회인도
1972. 08. 15	수도사회 창립 총회
1972. 10.	제2 수도실 건축
1972. 10.	흑석산기도원 설립(제3기 안용님 수도사)
1972. 11. 01	제5기 수도생 입도식 거행(18명)
1973. 01. 01	수도사 1월 수도제 실시(용문산수도원)
1973. 06. 25	소학산기도원 설립(제2기 민명은 수도사)
1973. 09. 03	봉좌산기도원 설립(제3기 박분태 수도사)
1973. 12.	제1기 이경숙 수도사 도미(기도원 설립 목적)
1974. 03. 25	흰돌산기도원 설립(제3기 서인애 수도사)
1974. 05. 07	사감실과 거실을 겸한 식당 건축(15평)
1974. 05. 11	소백산기도원 재건(제3기 김외탁 수도사)
1974. 06. 14	운봉산기도원 설립(제1기 김상화 수도사)
1975. 08. 21	제3기 수도사 안수식 거행(5명)
1976. 03. 06	제6기 수도생 입도식 거행(총 12명 → 남 3명, 여 9명)
1976. 07. 06	수양산기도원 설립(제4기 박승자 수도사)
1978. 01. 15	임명숙 수도사 도미(기도원 설립 목적으로)
1978. 05. 01	도곡산기도원 설립(제5기 양예자 수도사)
1978. 05. 10	샛별산기도원 설립(제5기 오용자 수도사, 2009. 11. 16 땜공사로 기도원 이전)
1978. 08. 02	옥전산기도원 설립(제5기 이경자 수도사)
1978. 08. 21	대청산기도원 설립(제5기 임연임 수도사)
1978. 09. 09	제7기 수도생 입도식 거행(15명)
1978.	김일순 수도사 구국제단 관리자 발령
1979. 03. 05	호두산기도원 설립(제5기 유정순 수도사)
1979. 04. 06	아동복지서설 서울 애향원 봉사 발령(제6기 수도생 3명)
1979. 06. 05	샛별산기도원 개원 예배
1979. 08. 11	제1 수도실 개축

1979. 08. 팔당산기도원 설립(제5기 장은실 수도사)
1979. 09. 20 흰돌산기도원 봉헌 예배(제3기 서인애 수도사)
1979. 10. 12 나운몽 원장님 해외 선교(도미)
1980. 05. 30 월성산기도원 설립(제6기 박점이 수도사)
1980. 12. 26 서부전선위문 방문(유영숙 원감과 7기 수도생 8명)
1981. 01. 06 수도사 정기총회 1월로 변경
1981. 04. 27 제4기 수도사 안수식 거행(4명)
1981. 04. 30 낙동강기도원 발령(제5기 이금자 수도사)
1981. 05. 01 변산기도원 설립 (제2기 문정애 수도사)
1981. 05. 08 승리산기도원 설립(제6기 박화자 수도사)
1982. 03. 03 제8기 수도생 입도식 거행(12명)
1982. 03. 21 엘림기도원 설립(제6기 최계순 수도사)
1982. 08. 25 남산기도원 설립(제5기 노애숙 수도사)
1982. 10. 12 엘림기도원 개원 예배
1983. 03. 27 울산기도원 설립(제6기 양성은 수도사)
1983. 04. 12 설곡산기도원 설립(제6기 김분출 수도사)
1983. 05. 04 안성산기도원 발령(제5기 한정희 수도사)
1983. 07. 수도사 수도생 하기 전국 순회 집회 인도
1983. 10. 곤지암기도원 설립(제1기 정혜주 수도사, 제6기 목화자 수도사)
1984. 03. 27 제5기 안수식 거행(총15명 → 남 1명, 여 14명)
1984. 압복강기도원 발령(제5기 최귀자 수도사)
1984. 04. 08 응답산기도원 설립(제5기 이연우 수도사)
1984. 04. 23 수도산기도원 설립(제4기 임영이 수도사)
1984. 05. 한밭산기도원 설립(제7기 김관순 수도사)
1984. 06. 충남기도원 발령(제7기 박종숙 수도사)
1984. 07. 04 나성산기도원 설립(제1기 임명숙 수도사)
1984. 아동복지시설 애향원 발령(제8기 김명숙 수도사)
1984. 09. 21 한밭산기도원 개원 예배(제7기 김관순 수도사)
1985. 03. 04 제9기 수도생 입도식 거행(10명)
1986. 03. 사회복지시설 꽃동네 견학(유영숙 원감과 8기생 10명)
1986. 04. 26 백전산기도원 설립(제7기 김선희 수도사)
1986. 05. 20 제6기 수도사 안수식 거행(8명)
1986. 06. 07 전국 수도사 기도원과 일동 일교회 순회(20일간, 유영숙, 김일순, 정화자, 박수련 수도사)
1986. 06. 14 안나산기도원 설립(제1기 이경숙 수도사)
1986. 10. 15 은천노인상담소 설립(제2기 이병만 수도사)

1986. 11. 20	축령산기도원 설립(제7기 박경숙 수도사)
1987. 04. 10	수련장 현 본향원 개원(제8기 이영순 수도생 파송)
1987. 06. 30	만민산기도원 설립(제1기 박연님 수도사)
1987. 07.	사회복지법인 혜성복지원 허가(제1기 이옥란 수도사)
1987. 09.	금오산기도원 설립(제7기 이경선 수도사)
1987.	광양기도원 설립(제12기 정경자 수도사)
1988. 03. 07	제10기 수도생 입도식 거행(7명)
1988. 07.	아산만기도원 설립(제8기 김길순 수도사)
1988. 11. 03	평화통일 대행진 참가
1988. 11. 08	수도사(14명) 선교여행(19일간, 7개국)
1988. 11. 24	고산봉기도원 개원 예배(제6기 김순희 수도사, 제7기 박사순 수도사)
1988. 10. 19	천장산기도원 재건 원장 취임(제8기 강정남 수도사)
1989.	영골산기도원설립(제5기 김은경 수도사)
1989. 09. 30	천등산기도원 설립(제10기 장은순 수도사)
1990. 04. 02	도봉산기도원 설립(제8기 이용신 수도사)
1990. 04. 05	천장산기도원 개원 예배
1990. 04. 16	미국 클래어몬드 신학교 연수및 기도원 순방(교육반 수도사 3명, 원장님과 수도사 2명)
1990. 07. 20	평화산기도원 설립(제9기 최기순 수도사)
1990. 09. 07	제7기 수도사 안수식 거행(10명)
1990. 09. 20	도봉산기도원 개원 예배
1990. 11. 15	천등산기도원 개원 예배
1990.	송도기도원 설립(제4기 김용자 수도사)
1991. 03. 04	제11기 수도생 입도식 거행(8명)
1992. 01. 07	사회복지 세미나 개최(수도사 일동)
1992. 04.	축복산기도원 설립(제9기 김복순 수도사)
1992. 10. 10	미레네 수도원및 꽃동네 견학(유영숙 원감과 10기, 11기 수도생 전원)
1992. 12. 07	수도사 1월 수도를 12월 중순으로 변경 시행
1993. 01. 04	한밭산기도원 성전 입당 예배
1993. 01. 29	나운몽 원장님 팔순 축하 예배
1993. 02. 07	제2 수도관사 기공
1993. 02. 08	실습 수도생들 매년 2월 수도제 시행
1993. 02. 20	제5기 유정순 수도사 소천(장례식 거행)
1993. 04. 02	사회복지법인 은천복지재단 법인 허가(제2기 이병만 수도사)
1993. 07. 24	제2 수도관사 준공과 동시 간단한 입주예배
1993. 10. 24	종곡산기도원 설립(제9기 김명옥 수도사, 제10기 김미경 수도사)

1993. 11.	포동산기도원 설립(제7기 홍금표 수도사)
1993. 11. 27	유영숙 · 정화자 수도사 일본 선교(12일간)
1994. 03. 03	수도원 부사감 발령(제8기 현순이 수도사)
1994. 03. 02	제8기 수도사 안수식 거행(8명)
1994. 04. 22	포도산기도원 개원 예배
1994. 04. 24	평화산기도원 개원 예배
1994. 05. 19	수도원에서 수도사 연회 창립총회 개최
1994. 5. 19	수도사 연회 1대에서 4대까지 2009년 4월까지 16년간(연회장 이정자 수도사)
1994. 08.	금수산기도원 설립(제8기 조순여 수도사)
1994. 10. 27	종곡산기도원 개원 예배
1994. 11. 26	대만선교(유영숙 원감과 11기 수도생 6명, 9일간)
1995. 03. 27~29	제2차 수도사 연회(장소 : 봉좌산 기도원)
1995. 04. 08	동남아시아 해외 기행(싱가폴, 인도네시아, 말레이시아, 필리핀 순방) (유영숙, 박연님, 이정자, 이옥란 수도사 이상 4명)
1995. 06. 06	대구산기도원 새 성전 입당 예배
1995. 06. 28	백두산기도원 개원 예배 참석 (백두산과 천지, 연길일대, 북경 등 방문) (원장님과 수도사 14명)
1995. 10. 19	곤지암기도원 새 성전 입당 예배
1995.	목양산기도원 설립(제9기 신인숙 수도사)
1995. 12. 28	천사의 집 설립(제10기 정선희 수도사)
1996. 03. 03	제12기 수도생 입도식 거행(2명)
1996. 03. 28~30	제3차 수도사 연회(장소 : 수양산 기도원)
1996. 11. 07	팔당산기도원 새 성전 입당 예배
1997. 03. 27~29	제4차 수도사 연회(장소 : 도곡산 기도원)
1997. 03. 22	제9기 수도사 안수식 거행(7명)
1998. 03. 26~27	제5차 수도사 연회(장소 : 대구산기도원)
1998. 04. 01	서울 은천노인복지회관 준공 예배
1998. 04. 13	만사산기도원 설립(제11기 고병갑 수도사)
1999. 04. 15~17	제6차 수도사 연회(장소 : 송도기도원)
1999. 12. 09	수양산기도원 새 성전 입당 예배
2000. 04. 26~28	제7차 수도사 연회(제7차 샛별산 기도원)
2000. 05.	베다니노인요양공동생활가정 설립(제6기 박점이 수도사)
2000. 09. 19	제10기 수도사 안수식 거행(6명)
2000. 11. 16	종곡산기도원 새 성전 입당 예배
2000. 12. 11	수도사 연합회 수도사 총회(장소 : 낙동강 기도원)

2001. 04. 24 제8차 수도사 연회(장소 : 충남산 기도원)

2002. 04. 17~19 제9차 수도사 연회(장소 : 엘림산 기도원)

2002. 05. 09 구병산기도원 발령(제12기 고봉순 수도사)

2002. 08. 22 밀알산기도원 인수(제11기 한상란, 이해순 수도사)

2003. 04. 02 제11기 수도사 안수식 거행(5명)

2003. 04. 17~19 제10차 수도사 연회(장소 : 팔당산 기도원)

2004. 04. 20~22 제11차 수도사 연회(장소 : 대청산 기도원)

2004. 6. 14~21 해외 사회복지 시설 방문(호주, 뉴질랜드, 수도사 16명)

2004. 11. 25 황등분사무소 설치 엘림기도원 (사회복지법인 은천노인복지회)

2004. 12. 07 상주분사무소 설치 낙동강기도원(사회복지법인 은천노인복지회)

2005. 03. 21 제5기 정화자 수도사 소천(낙동강기도원 안장, 2009. 3. 12, 고향으로 묘지 이전)

2005. 04. 06~08 제12차 수도사 연회(장소 : 낙동강기도원)

2005. 04. 07 상주가정봉사원 파견센터 개원 예배

2006. 02. 24 문경분사무소 설치 종곡산기도원(사회복지법인 은천노인복지회)

2006. 02. 24 청양분사무소 설치 천장산기도원(사회복지법인 은천노인복지회)

2006. 03. 28 문경가정봉사원파견센터 허가(종곡산기도원)

2006. 04. 03 제12기 수도사 안수식 거행(3명)

2006. 04. 19~21 제13차 수도사 연회(장소 : 흑석산기도원)

2006. 05. 11 문경가정봉사원파견센터 개원 (종곡산기도원)

2006. 09. 20 제6기 김분출 수도사 소천(시신 한양대학병원 기증)

2006. 09. 23 제1기 유영숙 수도사 소천(고향에 모심)

2006. 10. 14 동해기도원 40주년 기념예배

2006. 10. 19 은천노인복지재단 수도사회 기증

2007. 01. 15 정산노인복지센터 설치허가 겸 가정봉사원파견센터 개원

2007. 04. 18~20 제14차 수도 연회(장소 : 소백산기도원)

2007. 09. 제9기 송윤희 수도사 소천

2007. 10. 10~12 수도사 가을기도회(장소 : 봉좌산기도원)

2007. 12. 28 은천소규모요양센터 및 노인요양공동생활가정 준공(제2기 이병만 수도사)

2008. 04. 23~25 제15차 수도 연회(장소 : 한라산기도원)

2008. 10. 29 수도사 가을 기도회 (장소 : 엘림기도원)

2008. 10. 30 엘림 요양원 개원 예배

2009. 01. 30 문경노인주 · 야간보호시설 개원 예배(종곡산 기도원)

2009. 04. 15~17 제16차 수도사 연회(장소 : 곤지암기도원)

2009. 10. 21~23 수도사 가을 기도회 (장소 : 도곡산기도원)

2009. 11. 26 나운몽 원장님 소천

2010. 04. 07~09 제17차 수도사 연회(장소 : 감림산기도원)
2010. 07. 06 문경노인공동생활가정 개원(종곡산기도원)
2010. 10. 01 상주노인요양공동생활가정 개원 예배(낙동강기도원)
2010. 10. 20~22 수도사 가을 기도회(장소 : 동해기도원)
2010. 11. 11 제1기 최태희 수도사 소천(추풍령 공동묘지에 모심)
2011. 02. 23 제1기 박연님 수도사 소천(이옥란, 임명숙 수도사 임종 예배 집례)
2011. 04. 27~29 제18차 수도사 연회(장소 : 남산기도원)
2011. 05. 10 상주노인요양공동생활가정 개원(낙동강기도원)
2011. 06. 06 은혜요양원 설립(제8기 김길순 수도사)
2011. 10. 19~21 수도사 가을 기도회(장소 : 운봉산기도원)
2012. 01. 28 제2기 문정애 수도사 소천(변산기도원에 모심)
2012. 04. 11~13 제19차 수도사 연회(장소 : 대구산 기도원)
2012. 10. 10~12 수도사 연회 가을 기도회(장소 : 송도기도원)
2013. 04. 10~12 제20차 수도사 연회(장소 : 수양산 기도원)
2013. 05. 28 제6기 김순이 수도사 소친
2013. 10. 23~25 수도사 가을 기도회(장소 : 한밭산기도원)
2013. 10. 24 제6기 강정남 수도사 소천(천장산기도원에 모심)
2013. 11. 29 정산노인복지센터 사회복지법인 킹스빌리지 법인허가(천장산기도원)
2014. 04. 23 제21차 수도사 연회(장소 : 황산벌둥지)
2014. 06. 26 은천요양원 개원식(제2기 이병만 수도사)
2014. 08. 27 풍산교회 발령(제7기 박사순 수도사)
2014. 10. 15~17 수도사 가을 기도회(장소 : 충주 수안보파크호텔)
2015. 01. 28 제2기 임금찬 수도사 소천(제주도 교회묘지에 모심)
2015. 04. 08~10 제22차 수도사 연회 (장소 : 낙동강기도원)
2015. 05. 22 청양분사무소 독립(천장산기도원) → 사회복지법인 킹스빌리지 이관
2015. 10. 07~09 제22차 수도사 가을 기도회(장소 : 축복산기도원)
2015. 11. 19 수도원 리모델링 시작
2017. 09. 수도원 리모델링 완공(총공사비 약 4억)
2016. 03. 30~04. 1 제23차 수도사 연회(장소 : 수도산기도원)
2016. 05. 26 수도사 실행위원회 회의(장소 : 대구산기도원)
2016. 09. 01 수도사 실행위원회 회의(장소 : 용문산수도원)
2016. 10. 12~14 제23차 수도사 기도회, 동해기도원 50주년 기념예배(장소 : 동해기도원)
2016. 10. 12 제2대 수도원 원장 부임(제3기 김외탁 수도사)
2017. 02. 02 수도사 실행위원회 모임(장소 : 용문산수도원)
2017. 04. 26~28 제24차 수도사 연회(장소 : 용문산수도원)

제3대 수도원 원장 취임(제2기 이병만 수도사)

제2대 수도원 원감 취임(제4기 김일순 수도사) 회 계 김명숙 수도사

2017. 05.	제7기 이경선 수도사 소천(금오산기도원에 모심)
2017. 07. 11	제7기 김선이 수도사 소천
2017. 09. 04	제2기 강애자 수도사 소천
2017. 09. 12~14	울릉도, 독도 방문(수도사 일동)
2017. 10. 11~13	제24차 수도사 가을 기도회 (장소 : 용문산수도원)
2018. 04. 11~13	제25차 수도사 연회(장소 : 용문산수도원)
2018. 04. 25	수도산기도원 헌납(수도사 연회)
	한국기독교 수도사 연회(비영리법인 및 국가기관 등 : 본점)
	고유번호 : 121-82-84642 / 대표이사 : 이정자
	주소 : 충남 부여군 충하면 지석리 146-4
2018. 10. 17	제25차 수도사 가을 기도회(장소 : 용문산기도원)
2018. 11. 22	용문산기도원 제3회 학술세미나(수도사 주관, 장소 : 감리회 신학대학교 강당)
2019. 04. 24	수도원 총무 발령(제8기 김명숙 수도사)
2019. 04. 24~26	제26차 수도사 연회(장소 : 수도산기도원)
2019. 05. 01	용문산기도원 제3회 학술세미나 (장소 : 용문산기도원)
2019. 05. 21	수도사 연회 장학금 전달 (일천만원, 감리교신학대학교)

내가 33년 동안 일구어온 사회복지법인 은천노인복지회 전체를 용문산 수도원 수도사회에 기증하고자 한다. 미래 수도사들 양성을 위해 쓰여지기 바라고, 후배 수도사들이 사회에 공헌하는 터전이 되기를 바랍니다.

은천 20년 기념식에서 법인기증
(2006. 10. 19 은천복지재단 수도사회 기증식)

용문산수도원 60년

2019년 6월 30일 인쇄
2019년 6월 30일 발행

펴낸이 용문산수도원 원장 이병만 수도사
펴낸곳 재단법인 애향숙 용문산수도원 수도사 연회
재단법인 기독교대한감리회 애향숙
주 소 서울시 중랑구 겸재로 263(망우동)
연락처 02-434-2224~6 福音新聞
웹주소 www.gospeltimes.co.kr

발행처 도서출판 조은
발행인 김화인
디자인 김진순
주 소 서울시 중구 을지로20길 12 대성빌딩 405호(인현동)
전 화 (02)2273-2408
출판등록 1995년 7월 5일 신고번호 제1995-000098호
ISBN 979-11-88146-44-4
정 가 30,000원